JN006311

吉野ヒロ子

企業広報、
SNS公式アカウント運営者が

弘文堂

知っておきたい
ネットリンチの構造

炎上する社会

はじめに

「炎上」と呼ばれる現象が頻繁に起きるようになって、10年以上が経ちました。炎上とは、ネットで批判が殺到することを指します。典型的なパターンとしてはTwitterなどへの投稿が問題だとして、不特定多数から攻撃的なコメントや批判的なコメントが行われるというものです。食品への異物混入や差別的なCMなど不適切な企業活動について消費者が投稿し、それが拡散されて企業がバッシングされる場合もあります。近年では、ネットニュースやマスメディアで取り上げられる大規模なものに限っても年に数十件以上のペースで発生していて、私たちの社会ではよくある出来事となりつつあります。

ですが、よく考えると炎上というのは奇妙なものです。たとえば、私が住んでいる東京から数百km離れたどこかのコンビニで高校生がアイスケースに入って写真を撮り、ネットに投稿して炎上したとしましょう。私はそのコンビニの存在も知らなかったし、今後行くこともまずありえません。その高校生のことも知りません。知らない高校生が知らないコンビニのアイスケースに入ろうが入るまいが、私の人生にはまったく関係ありません。その高校生の行為を批判する人のほとんども、私と同じようにそのコンビニとも高校生とも無縁のはずです。なのに、たくさんの人が時には感情的に反応し、中にはその高校生の個人情報を暴露したり、学校やコンビニにわざわざ抗議の電話をかける人も出てくるのが炎上なのです。本来関係がないはずなのに、なぜか関係があることになって多くの人が感情を動かされる、というのが、炎上の一つの特徴ではないかと思います。

本来関係がないはずなのに、なぜか前のめりに反応してしまうということとは、ネット普及以前にもありました。たとえば、帝銀事件〈1〉(1948年)で犯人の顔を正面から見ている人の中でただ一人生還した竹内正子さんは次のようなエピソードを紹介しています。

> 平沢の死刑が確定した時(1955年:引用者注)、私は新聞記者に聞かれて、正直に「平沢は犯人と思えない」と、感じたままを答えました。ところが、それから私の家には投書がたくさん舞いこんだのです。その殆んどは、「余計なことをいうな。ロクに覚えてもいないくせに」とか、「青酸加里をよろこんで飲むような頭で、何が判るか」とか、「捜査したものの苦労もしらないで」とかいうものでした。私は聞かれたから答えたまでなのに、投書する人たちは頭から私を批難する、ヤレヤレという所ですね(竹内・小池, 2019)。

いかにも現在でも起こりそうな話です。また、投書の内容が、相手を一方的に否定するようなタイプのネットの投稿にとても似ているのが興味深いところです。特に「捜査したものの苦労」に忖度しろと同調を強いる物言いには、警察に過剰に感情移入しているような独特の気持ち悪さがあります。私たちの心の中には、もともと炎上につながるような仕組みがあるのかもしれません。

ただし、ネットが普及したことで大きく変わったこともあります。ネットが普及する前に高校生が面白半分にアイスケースに入ったとしたら、単に店員に注意され、保護者や学校に連絡されて怒られて終わりだったのではないかと思います。ですが今の時代では、投稿が注目されてしまうと、ネットで盛んに批判されて個人情報が晒され、その騒動がネットニュースやマスメディアでも報道されることになるわけです。その結果、学校から

〈1〉1948年、東京・豊島区の帝国銀行(現在の三井住友銀行)椎名町支店に現れた東京都の消毒班の腕章をつけた男が「伝染病の予防薬」と称して青酸化合物を飲ませ、行員と用務員一家、計12名を殺害。テンペラ画家の平沢貞通が逮捕されたが、未だに多くの謎が解明されていない。

処分を受けたり、退学しなければならなくなることもあるでしょう。さらに悪名は長くネットに残り、その高校生の一生について回ることになりかねないのです。どうしてこのような奇妙なことが「よくある出来事」になったのでしょうか。

炎上については、既にたくさんの優れた論考が出版されています。たとえば、荻上チキ『ウェブ炎上』（ちくま新書，2007）は、当時の炎上の構造やその背景をわかりやすく解説しています。田中辰雄・山口真一『ネット炎上の研究』（勁草書房，2016）および山口真一『炎上とクチコミの経済学』（朝日新聞出版，2018）は大規模なウェブモニタ調査を通じて、炎上参加者の特徴を明らかにしたものです。炎上の被害者・加害者の姿を追った本としては、安田浩一『ネット私刑』（扶桑社，2015）、ロンソン，J.／夏目大訳『ルポ ネットリンチで人生を壊された人たち』（光文社，2015＝2017）があります。ネットで誹謗中傷を受け、法的措置をとった当事者からの視点で書かれた本としては、スマイリーキクチ『突然、僕は殺人犯にされた』（竹書房，2011）も重要です。実務向けの本では、法的な対処方法については清水陽平『企業を守るネット炎上対応の実務』（学陽書房，2017）、企業広報（特に危機管理広報）の視点からは小林直樹『ネット炎上対策の教科書』（日経 BP 社，2015）が詳しいです。

これらの先行研究に対して、この本では、炎上という現象をネットだけの問題としてではなく、ネットの登場によって生じた社会全体の変化のあらわれではないかという視点から、主に企業の炎上事例を考えていきたいと思います。読者としては、レポートや卒論などでネットコミュニケーションのあり方を取り上げたい学生や、今のネット社会はどうなっているのか考えてみたい方、ネット炎上の対策を知りたい企業広報担当者の方を想定しています。

本書でお伝えしたいのは具体的には、以下の５点です。

(1) 炎上という現象はどのように変化してきたのか（**第1章・第2章**）

(2) Twitter では炎上について実際にどういうことが投稿されているのか（**第3章**）

(3) 炎上に参加している人にはどのような傾向があるのか（**第4章**）

(4) 炎上は企業の評判にどう影響するのか（**第5章**）

(5) 企業は炎上にどう対応するべきか（**第6章**）

私は 2015 年に炎上に関する研究を始め、幾度か講演やテレビなどで炎上についてお話させていただいてきました。そうした機会に思うのが、炎上の怖さを知らない方はまだまだ多いということです。まず炎上ではなにが起きるかを知っていただき、炎上はどうして起きるのか、炎上の弊害を抑えるにはどうすればよいのかを一緒に考えていただければと思います。

なお、本書の**第1章**から**第4章**までは博士論文「ネット炎上を生み出すメディア環境と炎上参加者の特徴の研究」（2018）をベースにしています。下記 URL で公開しておりますので、調査結果の詳細をご覧になりたい方は、どうぞご参照ください。

https://chuo-u.repo.nii.ac.jp/?action=pages_view_main&active_action=repository_view_main_item_detail&item_id=10579&item_no=1&page_id=13&block_id=21

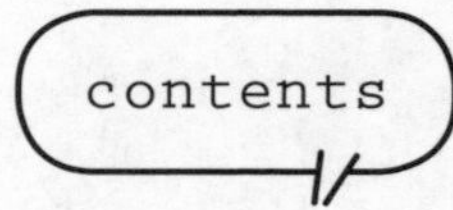

はじめに　i

第1章　炎上とはなにか

1．炎上の定義と特徴 …… 2

A.　炎上の３条件 …… 2
B.　炎上はどれくらい起きているのか …… 4
C.　どれくらいの人が炎上に参加しているのか …… 5

2．炎上のパターン …… 8

A.　国内の炎上の典型的なパターン …… 8
B.　海外の炎上 …… 17

3．炎上の典型的なプロセス …… 19

4．炎上の２つの側面――「祭り」と「制裁」 …… 25

A.「祭り」としての炎上 …… 25
B.「制裁」としての炎上 …… 28

5．本書で考えたいこと …… 30

コラム１：炎上とソーシャルメディア …… 32

第2章 炎上の歴史と社会の変化

1．間メディア社会における炎上 36

2．炎上の変遷 38

A.「炎上」と名付けられる以前（～2004年）
——東芝クレーマー事件（1999年） 44
B.「炎上」と名付けられた時期（2005年～2009年）
——ホットドッグ店アルバイト炎上（2005年） 46
C. Twitter普及以降（2010年～）——UCC上島珈琲炎上（2010年） 48

3．炎上の発生・拡大に関わるメディアの特徴 50

A. 炎上の起点 51
B. ソーシャルメディア——2ちゃんねるとTwitter 52
C. ネットメディア——まとめサイトとネットニュース 56
D. マスメディア——マスメディアはどう炎上を報じてきたか 61

4．炎上の認知経路は炎上への態度に影響するのか 64

A. 炎上の認知経路と炎上への態度 64
B. 炎上に対する態度への認知経路の効果 67

5．炎上は、ネットだけで起きているわけではない 69

コラム2：J-CASTニュースから見た炎上 72

第3章 Twitterでは炎上について なにが投稿されているのか

1．炎上ではなにが起こっているのか ……… 82

2．事例 1――PCデポ炎上（2016年） ……… 85

A. 事例の概要 ……… 85
B. 投稿数の推移とメディアの報道 ……… 86
C. どのような情報が言及・拡散されたのか ……… 90

3．事例 2――ラーメン二郎仙台店炎上（2017年） ……… 96

A. 事例の概要 ……… 96
B. 投稿数の推移とメディアの報道 ……… 97
C. どのような情報が言及・拡散されたのか ……… 101
D. リプライ合戦の行方 ……… 106

4．攻撃的な投稿・批判的な投稿はリツイートされやすいのか？ ……… 109

5．炎上の時に Twitter で起きていること ……… 112

コラム 3：PCデポに関する 2 ちゃんねるのスレッド ……… 115

第4章 炎上に参加する人々

1．どのような人が炎上に参加しているのか？ …… 120

A.「憂さ晴らし」モデル——経済的状況への不満とストレス …… 121

B.「祭り」モデル——社会的寛容性の低さ …… 122

C.「制裁」モデル——社会認識・社会考慮傾向の高さ …… 123

2．炎上について投稿した人としていない人の違い …… 126

A. 炎上について検索した人、拡散した人、投稿した人の比率 …… 126

B. ソーシャルメディア利用率と炎上関連情報認知頻度 …… 128

C. 炎上について投稿した人は、社会的寛容性が低く、規範意識が低い …… 130

3．批判的な投稿をした人と批判以外の投稿をした人の違い …… 133

A. 投稿経験者における年代・性別ごとの批判経験者の比率 …… 133

B. 炎上に対する態度の違い …… 135

C. 批判経験者は、批判経験のない投稿者よりも社会的寛容性が低く、規範意識が高い …… 136

4．炎上の対象を批判した動機 …… 138

A.「祭り」型動機と「制裁」型動機 …… 140

B.「祭り」型動機・「制裁」型動機と各心理尺度 …… 141

5．炎上参加者は「普通」の人たち …… 143

コラム4：誹謗中傷する人はどんな人か …… 147

第5章 炎上は企業の評判にどう影響するのか

1．企業のレピュテーションと炎上 …… 154

2．2020年調査の概要と主な結果 …… 156

A. ソーシャルメディア利用状況と利用啓発経験 …… 156

B. 炎上に関する認知と行動経験 …… 159

C. 企業の炎上全般に関する結果 …… 161

3．個別事例への反応 …… 164

A. 個別事例の認知率と反応 …… 165

B. 炎上前の各企業への評価と炎上への評価 …… 166

C. 炎上前の各企業への評価と炎上後の評価 …… 169

4．炎上と企業への評価 …… 171

コラム5：Z世代と炎上 …… 173

第6章 危機管理広報から見た炎上

1．炎上社会における企業広報の役割 …… 176

2．危機管理広報とはなにか …… 176

3．炎上対応の難しさ 179

A. 炎上対応に成功した事例 180
B. 炎上対応に失敗した事例 183

4．どう対応するか――3つの軸から 186

A. すみやかな対応 186
B. 誰にどう謝るのか／謝らないのか判断する 187
C. ごまかさない 190

5．どう備えるか 191

6．企業の炎上対応に必要なこと 195

コラム6：炎上○×クイズ 197

おわりに――ネットは社会をどう変えたのか

1．炎上の背景にある社会の変化 200

2．炎上のネガティブな影響をどう抑止するか 202

A.ソーシャルメディア利用に対する啓発 203
B.ソーシャルメディアの改善とネット広告の精緻化 205

索引 217

第1章

炎上とはなにか

1. 炎上の定義と特徴

A．炎上の３条件

「炎上」という言葉は、インターネット用語に限ってもさまざまな使われ方をしています。数名程度からあまり好意的ではないコメントをされたことを「炎上した」と表現する人もいますし、化粧品のネット広告で「シミが消えすぎて SNS で炎上！」というコピーを見かけたこともあります。まずは、この本で炎上という言葉をどういう現象に対して使うのか、具体的に絞り込んでみましょう。

炎上と聞いて、みなさんはどのような事例を思い浮かべるでしょうか。まず「バイトテロ」と呼ばれる、飲食店のアルバイトが食べ物や厨房機器を不適切に扱った動画や、来店した有名人の個人情報を投稿して騒動になる事例がたくさんあります。企業の CM が差別的であると抗議されたり、大学教員や会社役員のネットへの投稿が不適切だと批判されたりすることもあります。タレントであれば、テレビやラジオなどマスメディアでの言動をきっかけに、ブログや Instagram に否定的なコメントをたくさんつけられることもあります。共通するのは、インターネット（以下、ネット）のソーシャルメディア（Social Media：p.32，**コラム１**）でたくさんの人に批判されることとまず言えそうです。

もう一つの大事な特徴は、急激にその話題についてネットで盛り上がることです。たとえば１ヶ月に数件くらいのペースでぽつりぽつりと批判され続け、何年も経つうちに批判的な投稿が累計数百件となった、という状況があったとしても、炎上とはあまり言われないでしょう。ただし、急激に話題になることイコール炎上だとは言えません。可愛らしい猫の動画が「Twitter」（https://twitter.com/）で一晩に数万リツイートされたりすることがあります。このような場合は否定的な論調で拡散されるわけではないので、炎上とははっきり異なります。

ロスト（Rost, K.）らは、炎上（online firestorm）を「大量の批判、侮辱的なコメント、罵倒が、個人や組織、集団に対して行われ、数千または数万の人々によって数時間以内に伝播されるものである」（Rost et al., 2016, p.2）と定義しています。この定義は現在の日本の炎上にも当てはまると思います。ネットでの攻撃的な行動には、ネットいじめやフレーミング（flaming）〈1〉、誹謗中傷などさまざまなものがありますが、炎上は伝播の速さと広がり方が大きな特徴となっています。

荻上チキは、炎上について「特定の話題に関する議論の盛り上がり方が尋常ではなく、多くのブログや掲示板などでバッシングが行われる」こと（荻上, 2007, p.8）と説明しています。炎上はテレビなどマスメディアでもしばしば報道されます。なぜ報道されるかというと、特定の人だけが叩いているのではなく、幅広い人々が批判し、関心を持っているために報道する価値（ニュースバリュー）があるとみなされるからです。荻上（2007）の説明のように、特定の掲示板だけでなく、ネットのあちこちでバッシングが行われていれば、「幅広い人々が批判している」と認知されやすくなるでしょう。批判的な投稿の数と広がりの速さだけでなく、批判がある程度公的な性質を帯びているのも炎上の特徴と言えそうです。

本書では、ロストら（Rost et al., 2016）と荻上（2007）の説明を踏まえ、①不特定多数から批判されていること、②急速に批判が広がっていること、③複数のネットサービスで批判されており、ネットニュースやマスメディアで報道されていること、という３条件を満たした事例を「炎上」として扱いたいと思います。

〈1〉フレーミングは、電子掲示板など特定のコミュニティ内でのやりとりが敵対的な発言の応酬となって議論が成り立たなくなることを指す。

特定の掲示板やTwitterのクラスタ（cluster）〈2〉など限られたネットコミュニティでよくバッシングされる人物が、そのコミュニティの外ではほとんど知られていない場合もあります。たとえば男性アイドルと特別なつながりがあることを示唆していると解釈できるような投稿をした（「匂わせた」）人が、不特定多数のファンに激しくバッシングされることもありますが、ファン以外にバッシングが広がることはあまりないので、本書では扱いません。

B．炎上はどれくらい起きているのか

では、炎上はどのくらい発生しているのでしょうか。2006年に開設されたネットニュースサイトの「J-CAST ニュース」（https://www.j-cast.com/ p.72，**コラム2**）では、同サイト内で掲載した見出しまたは本文に「炎上」が含まれている記事を集計しています（谷本，2019）。同サイトは、開設初期からネットで盛り上がっている話題を積極的に取り上げ、炎上についてもしばしば報じているので、一つの目安になると考えられます。同記事では、2006年から2009年を黎明期、2010年から2013年を成長期、2014年から2015年を確立期、2016年から2018年を成熟期として、ネットの成長とともに炎上事例が増加してきたことを示しています〔図**1-1**〕。

炎上の件数が増えた理由としては、①Twitterなどのソーシャルメディアが普及したことで、炎上が発生しやすくなった、②「炎上」という概念が広く知られるようになった、③ネットニュース／まとめサイトなどネットの動向を記事化するメディアが増加したことが考えられます。

詳しいことは**第2章**で説明しますが、ネットでバッシングを受けることが「炎上」と呼ばれるようになったのは、2005年に評論家の山本一郎が、朝日新聞記者のブログに多くの批判コメントがついたことを「炎上」と表現したことがきっかけです（伊地知，2007：小林，2015）。2009年にスマイ

〈2〉クラスタは、もともとは果物や花の房、群れなどを指す。ネット用語としては、ソーシャルメディア（主にTwitter）で似たような趣味や興味関心を持つ人同士がつながって形成されたネットワークを指す。たとえば、ディズニーリゾートが好きな人がつながっていればディズニークラスタと呼ぶ。

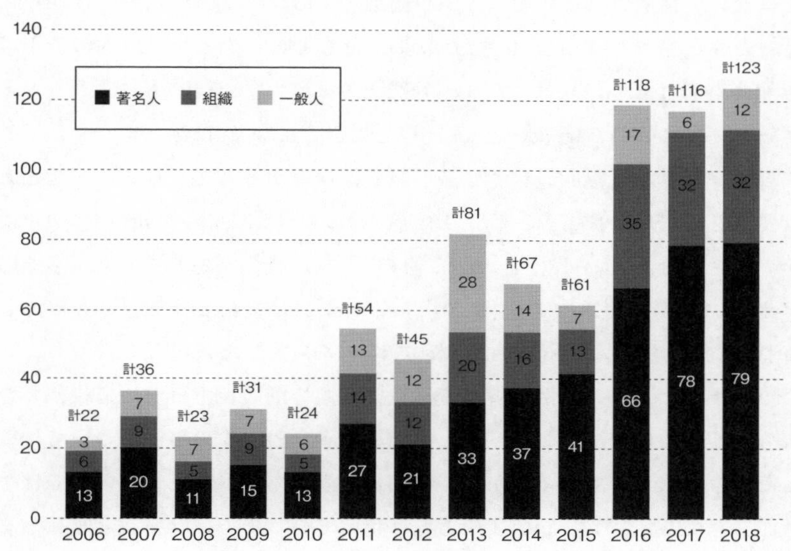

図 1-1 J-CAST ニュースで報じられた炎上事例の件数（谷本，2019）

リーキクチ中傷被害事件〈3〉がマスメディアで「炎上」として報道されたことをきっかけに広く知られるようになり、2013 年と 2019 年に「バイトテロ」型の炎上などが幾度も報道されています。つまり、2000 年代のうちはネットのごく一部で騒動が起きていたのが、ソーシャルメディアの利用が盛んになるにつれて、次第にマスメディアでも報道されるようになり、炎上という現象が広く認知されるようになった結果、それまでなら見過ごされていたことも騒動になりやすくなったと考えられます。

C. どれくらいの人が炎上に参加しているのか

炎上はたくさん起きていても、炎上への参加経験者はそれほど多いわけ

〈3〉タレントのスマイリーキクチに対して、「実は有名な少年犯罪の犯人である」という根拠のない誹謗中傷が長年 2 ちゃんねるの「少年犯罪板」などで行われていたことから、特に悪質な投稿をした 19 名が警察によって検挙された事件。本書での炎上の定義には当てはまらないが、「炎上」事件としてマスメディアでも広く報道され、炎上という言葉が一般に知られるきっかけになった。

ではないと指摘されています。田中辰雄・山口真一（2016）は、2014年に行ったウェブモニタ調査（n=1万9,992）をもとに、過去1年以内の炎上の参加経験者（炎上に関してなんらかの書き込みをしたことがある者）は、ネットユーザー全体の0.5%、数十万人前後と推計しています。

現在はもう少し参加経験者は多いのではないかと考えられます。たとえば、**第3章**で紹介するPCデポの炎上（2016年）に関するTwitterへの投稿データをみると、1ヶ月ほどの間に約60万件の投稿がありました。多くのアカウントが一度きりの投稿です。Twitterには投稿せずに「2ちゃんねる」〈4〉に投稿した人、ネットニュースにコメントした人などもたくさんいたでしょうし、この事例については投稿せずに別の炎上について投稿した人もたくさんいるでしょう。炎上参加経験者全員がこの事例について投稿したわけでもないでしょうから、参加経験者はネットユーザーの中では少数派としても、少なくとも100万人は超えているのではないかと私は推測しています。

ただし、炎上参加者がネットユーザー全体からすると少数だからと言って影響力がないわけではありません。具体的には**第5章**で検討しますが、メディアに報道されるほど大きな炎上を起こした企業は株価が有意に下がっているという報告もあります（Adachi & Takeda, 2016：Tanaka, 2017）。**第3章**で取り上げるPCデポの炎上（2016年）では、同社の株価が炎上前と比べて半分まで下がっています。企業の炎上への対応が悪く、消費者からの信用が失われたのではないかと多くの人が思えば株価は下がることが予想されます。炎上には、企業の評判（レピュテーション［reputation］）を毀損してしまう怖さがあるのです。

個人が炎上した場合にも、大きな影響があります。個人が炎上の対象となった場合、攻撃・批判対象になった側の個人情報が、Twitterなどのソーシャルメディアの登録情報や投稿、人間関係を元に暴露・拡散され、不特

〈4〉西村博之が1999年に開設した匿名型大手掲示板。「2ちゃんねる」（https://2ch.net/）としてスタートしたが、管理権限の紛争から2017年に「5ちゃんねる」（https://5ch.net/）に変更された。その後、西村によって「2ちゃんねる」（https://2ch.sc/）も設置されている。現在は「5ちゃんねる」の名称も広まっているが、先行研究の多くが「2ちゃんねる」と呼称しているため、本書では「2ちゃんねる」と表記する。

定多数から脅迫や嫌がらせを受けることは珍しくありません。自分が公開していた情報だけでなく、知人の誰かが情報を暴露することもあります。ネットでの騒ぎを無視しようとしても、家族や友人知人、職場や学校といった所属先の関係者にも悪評が伝わってしまいます。抗議は学校や勤務先にもしばしば向けられるため、所属先が謝罪したり、炎上した人を処分したりすることもあります。さらに、脅迫や嫌がらせは当人だけでなく、家族や友人に及ぶこともあります〈5〉。

Twitterでの発言から炎上した学生へのインタビューでは、自らネット上で公開していた情報だけでなく、関係者しか知りえない情報も勝手に公開されたことや、炎上をきっかけに友人がよそよそしくなったことから人間関係が壊れ、結局転居・転校したとしています（やしろ, 2017a, 2017b）。その学生は、「ネットの炎上はリアルに燃え移ってからが地獄です」と表現しています。2013年に頻発した「バイトテロ」のその後を追った週刊誌の記事では、炎上した学生の多くが、引きこもり状態になっていると示唆しています〈6〉。2017年に放映されたNHK「クローズアップ現代＋」のネットリンチ特集では、炎上経験者が「外出しても監視されているような気がして怖い」と語っています（NHK, 2017b）。アメリカの事例でも、単に失職するだけでなく、同業者に悪評が広がることから、以前就いていた職種に再就職することが困難になることが示唆されています（Ronson, 2015 = 2017）。

板倉陽一郎（2006）は、法社会学的な見地から、一般人（私人）の炎上を「意図せぬ公人化」と表現しています。通例、社会的影響が大きい公人（政治家・公務員・犯罪行為者、芸能人などの著名人）では、私人より名誉の保護は減弱されます。一般人ならば、わざわざ報道されないような微罪であっても、公人が行った場合は報道されることがあるのはそのためです。一般人が炎上した場合、短期間で不特定多数がネット上で話題にするために、当人は公人となる意図がなく、公人としての利益も受けていないにもかかわ

〈5〉2016年に人工透析患者に関する発言で炎上したフリーアナウンサーは、妻子宛に卑猥な写真等が送られるなどの嫌がらせを複数受けたため、警察に被害届を出している（長谷川, 2016）。
〈6〉週刊女性「プレーバック2013 総力取材あの騒動 あの事件のいま 社会編 ツイッターおバカ画像騒動 いまだ続く厳しい晒しと批判！ 企業も学校も“腫れ物扱い”」（2014年1月7日–1月14日号）など。

らず、一種の公人としてみなされてしまい、プライバシーの侵害や名誉毀損が行われてしまうと考えられます。

さらに、インターネット上に拡散された個人情報は、「デジタル・タトゥー」(Enríquez, 2013) として、拡散された側の社会生活を長期間脅かすことになります〈7〉。10年以上前に起きた炎上についても、検索サジェストで炎上した人物の実名が出てくることがあります。逆に、彼らの実名で検索すれば、過去に炎上を起こした人物であることがすぐにわかります。一般人が炎上した場合、現在の人間関係が破壊されるだけでなく、未来の人間関係やキャリアにも影響する可能性があります。小木曽健 (2017) は、炎上した経験があることを理由に高校の推薦入学を取り消されたり、就職活動が難航したり、炎上を起こして何年も経っていても婚約を取り消されたりした事例を紹介しています。

2. 炎上のパターン

A. 国内の炎上の典型的なパターン

では、炎上にはどのようなものがあるでしょうか。さきほど挙げたように、さまざまな立場の人 (一般人・著名人と公人・企業などの組織) が、さまざまな理由 (食べ物をおもちゃにしたから・職場で悪ふざけをしたから・差別的な表現をしたから) で炎上しています。多様な炎上事例を整理するために小林直樹 (2011)、田中・山口 (2016) では、炎上のきっかけから事例の分類を行っています〔表 **1-1**〕。

〈7〉当事者の同意なく公開された個人情報の問題は、「忘れられる権利」と呼ばれ、現在も議論されている (奥田編, 2015)。2014 年 5 月に、EU の欧州司法裁判所は Google 検索から自己の過去に関する情報の削除を求める権利を認めている。

表 1-1　小林（2011）、田中・山口（2016）による炎上事例の類型

小林（2011）の 6 類型

類型	事例
(1) やらせ・捏造・自作自演	2005 年　ソニー「ウォークマン体験日記」ブログ 2007 年　TBS、架空のネット掲示板偽造 2011 年　九州電力原発再開容認メールやらせ事件
(2) なりすまし	2011 年　イオングループ役員を騙る Twitter アカウントが炎上 2011 年　Twitter で石原慎太郎都知事候補を支持する bot の乱立
(3) 悪ノリ	2007 年　吉野家「テラ豚丼」 2008 年　毎日新聞、英語版コラムで低俗記事 2009 年　米ドミノピザ従業員が不衛生な動画を YouTube に投稿
(4) 不良品・疑惑・不透明な対応	2011 年　グルーポン「スカスカおせち」事件 2011 年　福島第一原発事故に関する東京電力の記者会見
(5) コミュニティー慣習・規則の軽視	2005 年　エイベックス、のま猫騒動 2006 年　NTT ドコモ、mixi でのプロモーションで炎上 2009 年　au、会見用ハッシュタグで炎上 2010 年　UCC 上島珈琲、プロモーション告知 bot がスパムだと炎上
(6) 放言・暴言・逆ギレ	1999 年　東芝クレーマー事件 2005 年　ホットドッグ店アルバイトがコミックマーケット来場者を中傷 2006 年　東京ドームシティのコスプレイベントでアルバイトが参加者を中傷 2006 年　カラオケ店のアルバイトが来店した芸能人を中傷 2009 年　産経新聞、Twitter で報道の中立性を損なう投稿 2011 年　集団食中毒事件を起こした焼肉店社長が逆ギレ

田中・山口（2016）の 5 類型

類型	事例
Ⅰ型：反社会的行為や規則に反した行為（の告白・予告）	2006 年　NTT ドコモ、mixi でのプロモーションで炎上 2010 年　UCC 上島珈琲、プロモーション告知 bot がスパムだと炎上 2011 年　グルーポン「スカスカおせち」事件 2013 年　USJ 迷惑行為事件 2014 年　ペヤング虫混入事件
Ⅱ型：なにかを批判する、あるいは暴言をはく・デリカシーのない発言をする・特定の層を不快にさせるような発言／行為をする	2008 年　倖田來未「羊水が腐る」発言 2008 年　ラサール石井、麻生元首相批判事件 2011 年　TSUTAYA 不謹慎ツイート事件 2015 年　厚労省年金マンガ事件
Ⅲ型：自作自演・ステルスマーケティング・捏造の露呈	2006 年　PSP ステルスマーケティング（アメリカ） 2007 年　TBS、架空のネット掲示板偽造 2010 年　ペニーオークションステルスマーケティング 2012 年　食べログやらせ業者事件
Ⅳ型：ファンを刺激（恋愛スキャンダル・特権の利用）	2010 年　北乃きい路チュー事件 2010 年　大沢あかねブログ炎上事件 2010 年　平野綾恋愛事件 2012 年　指原莉乃恋愛事件 2015 年　はるかぜちゃん名前勘違い事件
Ⅴ型：他者と誤解される	2006 年　女子大生ステマブログ混同事件 2006 年　しぎた博明（神奈川県議）混同事件 2009 年　スマイリーキクチ中傷被害事件

両者を見比べると、企業の炎上でよくあるのは①ステルス・マーケティング（ステマ）や不適切な広報・広告活動と、②異物混入など製品の不具合、個人の炎上でよくあるのが①悪ノリ（不衛生な行動の動画投稿など）、②放言（差別的な発言や中傷）と言えそうです。田中・山口（2016）のV型「他者と誤解される」パターンはその後も起きていて、2017年の「東名高速煽り運転事件」に関連したデマで９名が名誉毀損で起訴されています。

また、2019年の常磐道あおり運転殴打事件で話題になった「ガラケー女」と間違われて、無関係の女性の個人情報を拡散した投稿者に対しても訴訟が行われています。訴えられた一人は市議会議員で、当人も不特定多数から批判を受けたこともあり辞職しています〈8〉。2020年の新型コロナウイルス問題についても、感染したとデマを流されて被害を受けた人がたくさんいます。

(1) 企業の炎上パターン

ステルス・マーケティング絡みの炎上は国内では2005年に初めて起こり、その後、何度も問題となっています。ステルス・マーケティングとは、報酬を受けていることを明示せずに特定の商品・サービスをブログやソーシャルメディアなどで宣伝することです。特に、2010年のペニーオークション詐欺事件では、実際は商品が落札できない仕組みになっているのに、複数の芸能人が安価に人気商品を入手できたとブログに投稿したことから、活動休止または引退となりました。報酬は数十万円程度だったと言われています。最近でも2019年に京都市が吉本興業の芸人に対して京都国際映画祭をSNSで発信するよう１件あたり50万円で依頼し、その投稿にPR表記がなかったためにステルス・マーケティングだと批判されました（徳力, 2019a)。また、同年にウォルト・ディズニー・ジャパンが映画『アナと雪の女王２』のプロモーションとして、複数の漫画家を試写会に招待し、感

〈8〉本物の加害者の情報であっても、他人の個人情報を了解なくネットで流布することは不法行為に相当する。

想漫画を投稿するよう依頼し、Twitterユーザーからステルス・マーケティングではないかと指摘され、炎上しています（徳力，2019b）（p.165，**第5章**）。

ステルス・マーケティングが批判されるのは、ソーシャルメディアの口コミが客観的な第三者の評価として消費者に信頼されやすいことを悪用し、消費者を騙す行為だからです。自発的に投稿された善意のレビューもステルス・マーケティングではないかと疑われてしまうようになるので、ソーシャルメディア全体に対する信頼も損ないます。2017年にWOMマーケティング協議会〈9〉が策定した「WOMJガイドライン」（https://www.womj.jp/85019.html）では、金銭や物品・サービスなどなんらかの便益を受けて投稿する場合は、「#PR」などのハッシュタグを添えて投稿するよう規定されています。

海外でもステルス・マーケティングはしばしば問題となっています。アメリカでは2017年5月に米連邦取引委員会（FTC）がセレブ90名と広告主企業に対して、報酬や利益を伴う投稿については消費者の誤解を招かないよう広告であると明示するよう求める書簡を送り、9月に21名の著名人に対して警告を送付しました。このような動きを受けて、同年Instagramはブランドとのタイアップ投稿であることを示す特別なタグ機能を追加しています。イギリスの広告基準協議会（ASA）も、対価を得ている投稿については「#spon」や「#ad」「#paidpartnership」といったハッシュタグで明示するよう定めたガイドラインを2018年に発表しています。

その他の不適切な広報・広告活動としては、2010年のUCC上島珈琲のように自動投稿によるプロモーションがスパムだと批判されたり、広告が差別的であると批判されたりすることがあります。特に近年は広告やウェブ動画が性差別的であるとして炎上することが多く、2015年にルミネ、AGF（ブレンディ）、2016年に資生堂（INTEGRATE）、2017年にユニ・チャー

〈9〉WOMマーケティング協議会は、2009年に設立された任意団体で、WOM（Word Of Mouth　口コミ）を利用したマーケティング・コミュニケーションの健全な発達を目指すもの。資生堂など広告主企業・電通や博報堂などの広告会社・PR会社・Twitter Japanなどソーシャルメディア運営企業が参加している。

ム（ムーニー）やサントリー（頂）、2018年にキリンビバレッジ（午後の紅茶）、2019年にロフト（バレンタイン向けキャンペーン）などが炎上しています〔**表1-2**〕。その他にも、自治体がPR動画を公開することが増えた結果、鹿児島県志布志市（2016年）の養殖ウナギPR動画や、宮城県（2017年）のタレントの壇蜜を起用した観光PR動画が非難され、削除されています。TVCMなどマスメディアに広告を出稿する場合は予算が大きいために公開までに何度もチェックが入りますが、ネット広告やウェブ動画はそうではないために炎上が生じやすいと言われています（治部，2018）。こうした事例をまとめて、ジェンダー表現型炎上と呼んでもいいかもしれません。

表1-2　ジェンダーに関連した企業炎上事例

2015年 ルミネ	主人公の女性が、職場の男性に「職場の花」ではないなどと外見をダメ出しされることを当たり前のこととして受け止め、自分を変えようと決意するストーリーが批判された。
2015年 AGF	牛を擬人化した高校を舞台にした動画。「卒牛式」で、乳牛の女子高校生が「胸を張って」「濃い牛乳を出し続けて」と言われたり、食肉工場に出荷される男子高校生が泣き叫ぶ場面が批判された。
2016年 資生堂	25歳になった主人公の女性に対して友人が「今日からあんたは女の子じゃない」「もうチヤホヤされないしほめてもくれない」という場面などが批判された。
2017年 ユニ・チャーム	母親だけが育児をしているように見えるおむつのWeb動画が「ワンオペ育児」を礼賛するものとして批判された。
2017年 サントリー	出張先で出会った現地の女性と食事する場面が過度に性的だと批判された。
2018年 キリンビバレッジ	「午後の紅茶」を飲んでいそうな女性として「仕切りたがり空回り女子」などのカリカチュアを提示し、顧客を馬鹿にしていると批判された。
2019年 ロフト	バレンタインデーのプロモーションで、いがみあっている女性同士が表面上は仲良くしているような表現が不快だと批判された。

次に、企業の炎上パターンのうち異物混入など製品・サービスの不具合に関するものは、雪印集団食中毒事件（2000年）や日本マクドナルドの異物混入事件（2015年）のように、もともと企業不祥事によくあるパターン

です。近年は異物混入に気づいた消費者がまずソーシャルメディアに画像などを投稿することがあり、そこから大きな騒動になった事例があります。たとえば、「ペヤング虫混入事件」(2014 年) では、目を疑うような大きな昆虫が混入しているインスタント焼きそばの写真が Twitter に投稿され、製品回収だけでなく5ヶ月間生産を中止して工場を改修する大騒動になりました。「グルーポンスカスカおせち事件」(2011 年) も、貧弱なおせちの画像が話題になりました〈10〉。**第3章**で紹介する PC デポが認知症患者と過剰な契約をしていたことから炎上した事例 (2016 年) でも、契約者の息子が解約金として10 万円を支払ったレシートの画像を Twitter に投稿したことから騒動になっています。

企業との間にトラブルがあった場合、こんな酷い目にあったとネットに投稿したくなるのは、今の社会では当たり前のことになっています。実際に投稿するなら、自分が正しいことを証明するために、なんらかの証拠を添えるということもするでしょう〈11〉。自分が情報を出すことで誰かが同じような不愉快な目に遭うことを防げる可能性がありますし、誰が見てもおかしいと思うような証拠があれば、自分が正しいことをたくさんの人が認めてくれるだろうと見込めるからです。企業や消費者センターにクレームを入れるだけでは、結局丸め込まれてしまったり、問題が改善されなかったりするのではないかと考える人も少なからずいるでしょう。ただし、このような告発が正当なものであっても、頭から嘘だと否定されたり、たくさんの人から批判や誹謗中傷を受けたりすることも珍しくありません。「ペヤング虫混入事件」(前出) では、虫が混入している画像を投稿した大学院生もバッシングされ、アカウントを一時削除しています。

企業の側から見ると、ネットに証拠画像がいきなり出て大騒動になるの

〈10〉共同購入型クーポンサイト「グルーポン」(https://www.groupon.jp/) を利用して販売された、飲食店の宅配おせち料理の配送が遅れ、中身も事前の商品説明と大幅に異なるとして問題になった事例。スタッフのソーシャルメディアへの投稿から衛生管理が不十分な環境で詰め合わせ作業が行われたことも発覚し、おせちを販売した飲食店は閉店した。「グルーポン」側も、アメリカ本社の CEO の謝罪動画を YouTube で公開した (小林, 2011)。

〈11〉ただし、証拠らしいものが提示されているからといって、それが事実とは限らない。2017 年に、ローチケ HMV でチケットを購入したのに勝手にキャンセルされたという Twitter への投稿から騒動になり、領収書やメールのスクリーンショットなどの「証拠」も投稿されたが、結局は投稿者の捏造だったという事例がある (ITmedia, 2017) (p.180, 第 6 章)。

は、より大きく評判が毀損する可能性が高くなります。同じような異物混入事故で騒動になっても、現物の画像がネットで出回る場合と、現物の画像が出ない状態で粛々と対処する場合では、消費者へのインパクトはまったく異なるでしょう。さらに、投稿した消費者とのやりとりもネットで逐一公開されることもあり、対応に神経を使わなければならなくなります。

また、消費者だけでなく、従業員やその関係者が不適切な企業活動を告発するというパターンもあります。育休明け直後の夫に対して転勤の辞令が出たという妻の投稿をきっかけにパタハラ〈12〉ではないかと批判された「カネカ育休騒動」(2019年)(p165, **第5章**)などがこれに当たります。ハラスメントなどのトラブルに社内で十分な対応がしてもらえないと判断した従業員が、ソーシャルメディアを使って外部に訴える内部告発型の事例は今後も発生する可能性があります。

(2) 個人の炎上

個人の炎上でよくある「悪ノリ」(不衛生な行動の動画投稿など)、放言(差別的な発言や中傷)も、投稿者だけでなく、投稿者が属する企業や組織の評判を傷つけることがあります。また、いじめや体罰の現場を撮影した動画が炎上することもあります。

小林(2011)で(3)「悪ノリ」と分類されている炎上でよくあるのが、アルバイト中・または勤務中の不適切な行動を撮った画像・動画などが投稿されたいわゆる「バイトテロ」です。炎上を起こした当人だけでなく仕事先の企業も批判され、場合によっては、次々とかかってくるクレーム電話によって、業務が妨げられたりするといった被害が及ぶことがあります。炎上を起こしたのが学生・生徒であれば、学校にもクレームが行くので、停学などの処分を受けたり、退学せざるを得なくなったりすることがあります。2013年にコンビニのアイスケースや飲食店の食器洗浄機に入った

〈12〉パタニティ(Paternity　父性)・ハラスメントの略。男性の育児休業取得や育児目的の時短勤務を拒んだり、嫌がらせをしたりすることを指す。

動画などから炎上した事例が相次ぎ、「バイトテロ」「バカッター〈13〉」とも呼ばれています。「バイトテロ」型の炎上の最初の事例は2005年に起きています（p.46，**第2章**）。

このタイプの炎上は2013年以降、マスメディアでもよく報道されるようになりました。騒動が拡大しやすくなった結果、休業して設備を入れ替える、コンビニや飲食店チェーンの場合はフランチャイズ契約を解除されるなど、企業の負担が大きくなっています。企業の中には、その後倒産してしまったところもあります。

そのため、投稿者に対して損害賠償を求めることもあります。2019年にアパートの受水槽で泳ぐ動画をTikTokに投稿した男性が炎上し、偽計業務妨害容疑で書類送検されて不起訴になりました。その後、受水槽管理を請け負っていた企業から、受水槽の交換などの負担や逸失利益など合わせて被害額が約8,700万円にのぼるとして、2,000万円の損害賠償を求める訴えを起こされています。

放言（差別的な発言や中傷）でも、当人への批判、当人が所属する組織への批判が起きます。2006年に、女性評論家がブログで期間工を侮辱したと批判され、彼女の講演を襲撃すると2ちゃんねるに投稿した45歳の会社員が脅迫と威力業務妨害の疑いで逮捕され、懲役2年6ヶ月・執行猶予4年の判決を受けています（裏モノJAPAN，2009）。2011年に集団レイプ事件について、被害者の方が悪いと大学生がTwitterに投稿し、投稿した当人だけでなく大学・内定先の企業も批判されました。2013年には、病院の受付で、番号で呼ばれたことに腹を立ててブログに投稿した県議会議員が炎上し、情報番組などテレビでも報道される騒動になり、県議会などに抗議が数百件寄せられて自殺した事件もあります。また、2016年には、電通過労自殺事件について、大学教員が「月当たり残業時間が100時間を越えたくらいで過労死するのは情けない」とNewsPicks（https://newspicks.com/）など

〈13〉「バカ」とTwitterを組み合わせた造語。2013年のバイトテロ型炎上では、Twitterにアルバイト中の不適切な行動などを投稿し、炎上した事例が多かったことから使われるようになった。

に投稿し、批判を受けて削除・謝罪しています。大学からも学長名義で謝罪文が発表されました。

「放言」系の炎上のきっかけとなる投稿にはさまざまなものがあり、分類しにくいところがありますが、①話題になっている事件、特に法的な対応が不十分だと多くの人が感じている事件に関する発言、②社会的な弱者をさらに傷つけるような発言というのが共通点としてあるかもしれません。

①で言うと、紹介した例では2011年の集団レイプ事件、2016年の電通過労自殺事件に関する投稿がそれに当たります。もともとの事件の加害者への法的措置が不十分であると多くの人が感じているところに、加害者を肯定するような発言をしたために注目され、強い反発を受けたと言えるからです。先に煽り運転の加害者またはその家族と誤認されたことで激しいバッシングを受け、誹謗中傷者を訴えた例があると紹介しましたが、これも煽り運転の危険性に対して処罰が甘いという認識が背景にあるからこそ、加害者に関する真偽不明の情報でも拡散されてしまい、それをもとに攻撃する人が出てくるのではないかと考えられます。

②は、2006年の期間工に対する発言、2011年の集団レイプ事件被害者に対する発言が相当します。2016年の電通過労自殺事件に関する投稿は、過労死するほど追い詰められた人に対して追い打ちをかけるような発言でもあるので、こちらにも相当すると言えます。

話題になっている事件には、当然多くの人が注目しているわけですから、そうした事件に関する投稿は人の目につきやすくなります。そこで不適切なことを言ってしまうと、批判を受けやすくなりますし、さらにそれらの批判が広がりやすくなると考えられます。また、弱い立場にある人を揶揄したり、否定したりするような発言であれば、同情によって批判が広がりやすいと考えられます。

B．海外の炎上

炎上が起きているのは日本だけではありません。アメリカや中国・韓国などの東アジアなど海外でもしばしば炎上は起きています。

アメリカでは炎上は「online firestorm」「blog flaming」「online shaming」「public shaming」「internet outrage」などと呼ばれているようです。2009年にはピザチェーン店などの店員が食べ物をおもちゃにした画像や動画を投稿して騒ぎになりました（Torrenzano & Davis, 2011 = 2012）。2011年には、俳優のギルバート・ゴットフリードが東日本大震災を揶揄したTwitterへの投稿から炎上し、契約していた米アフラックのCMから降板する騒動が起きています（荻上，2014）。また2016年には、GAPの子供服の広告が人種差別的だと批判を受けて取り下げられています（岡本，2016）。

大規模な炎上として有名なのは、2013年に起きた「ジャスティン・サッコ」事件です。IT系企業の広報部長を務めていた女性が、南アフリカへの出張を前に、「アフリカに行ってきます。エイズにならないといいけど。って、冗談よ、私白人だもん！（"Going to Africa. Hope I don't get AIDS. Just kidding. I'm white!"）」と投稿して人種差別として炎上しました。この投稿に関するハッシュタグがついたTwitterへの投稿は24時間で10万を超え、彼女は即日解雇されました（Ronson, 2015 = 2017）。

企業の炎上ついても、何度も発生しています。たとえば2017年に、ユナイテッド航空機でオーバーブッキングのために降りるよう求められて拒否したアジア系男性が、空港警官に引きずり降ろされた様子が他の乗客によってTwitterに投稿され、同社の対応が批判されています。

落合陽一（2015）は、アメリカでの炎上が頻発する理由として、Facebookなどの SNS 普及率が98%弱に達しているため炎上対象者の個人情報が手に入りやすいこと、動画掲示板Reddit（https://www.reddit.com/）などを軸として、炎上に関連した情報が即座に共有される環境になっていることを挙げています。Reddit は簡易登録制ですが匿名的に利用することができ、日本国内の炎上における2ちゃんねるに近い役割を果たしていると考えられます〈14〉。

中国では、炎上に相当する事例は「人肉検索」（人肉捜索）と呼ばれています。高広強・中尾健二（2012）は、「人肉検索」を「娯楽」（事件の当事者を揶揄する）・「倫理違反者への糾弾」（ネットで暴露された私人の不倫への糾弾など）・「行政の監視」（官僚による汚職や不正の追求）・「救助・援助・行方不明者の捜索」（四川大地震など）に分類しています。高・中尾（2012）は、最初の「人肉検索」事例は2001年に発生し、当初は「娯楽」・「倫理違反者への糾弾」が中心でしたが、2008年から官僚や公的立場にいる人物の犯罪隠しや汚職を追求する事例が増加しているとしています。たとえば、2008年には南京市の不動産管理局長が会議で超高級タバコを吸い、高級腕時計をしている写真がネットの掲示板に掲載されたことがきっかけでさまざまな情報が集まり、汚職が発覚しています。中国は政権批判につながる投稿は検閲されることが知られていますが〈15〉、反腐敗運動の一環として許容されているようです。

韓国でも炎上は起こっています。2005年、地下鉄に飼い犬の糞を放置した乗客の画像がネットに投稿され、個人情報が暴露された「犬糞女」事件が起きています（Kim, 2005）。その後2007年前後に「悪プル」と呼ばれるネットでの誹謗中傷に苦しんだ芸能人が自殺する事例が相次ぎ〈16〉、攻撃的な投稿が深刻な社会問題として捉えられるようになりました。その結果、不特定多数へ発信される掲示板サービスなどを利用するには、住民登録番号など複数の個人情報による本人確認を事業者に義務付ける「制限的本人確認制度」が2007年に施行されました。ただし、誹謗中傷を低減できたとは言えず、憲法裁判所がこの制度に対して違憲判決を出したことから2012年に廃止されています（柳，2013）。

〈14〉ただし、2ちゃんねると異なり、Reddit では著名人が実名で登場することもある。たとえば、2012年にオバマ大統領（当時）がユーザーの質問に答えるセッションを開いたことがある（Lardinos, 2012）。
〈15〉グレートファイアーウォール（GFW／金盾）と呼ばれる。特定の検索語を含むウェブコンテンツが閲覧できないようブロックされたり、ソーシャルメディアへの投稿が監視されたりしていると言われている。
〈16〉2007年1月に亡くなったU；Nee など。

その他の国々でも炎上は起きています。2014年に、ロシアのチーズ工場で牛乳を加熱するタンクに数名の従業員が浸かっている写真がネットに投稿され、炎上しています（ハフィントンポスト日本版, 2014）。北欧では、2020年にスカンジナビア航空がYouTubeで公開したCMで炎上し、CMを制作した広告代理店に爆破予告がされています（AFP BB NEWS, 2020）。CMは、北欧の伝統的な料理や名物は国外からもたらされたものであることを示し、旅は人生を豊かにすると訴えるものでしたが、それが排外主義的な人々を刺激したようです。

このように、文化やネット社会の構造が異なるさまざまな国で炎上が起きています。ただし、国によって、炎上しやすい話題の傾向や、炎上が広がるプロセス、炎上という現象そのものへの社会的な評価が異なる可能性もあります。

3. 炎上の典型的なプロセス

炎上は、一晩で数千、数万の投稿が行われるのが特徴の一つです。どのようにそんなにたくさんの投稿が広がっていくのでしょうか。現在は図**1-2**のような流れになることが多いのではないかと思います。以下、少し説明してみましょう。

(1)「発見」

まず、一般人や著名人の言動、企業などの活動が2ちゃんねるやTwitter

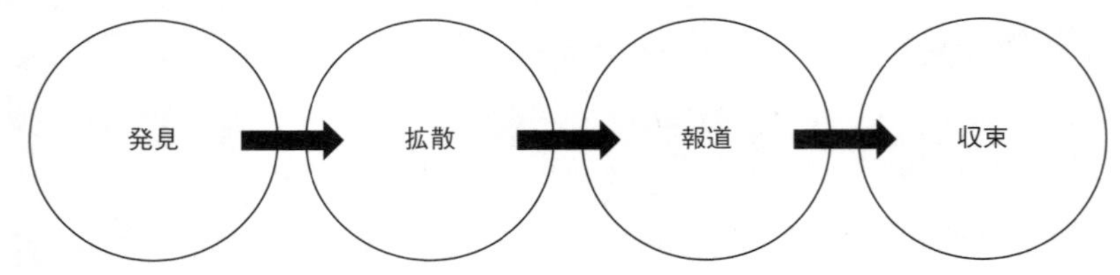

図 1-2　炎上のプロセス
（伊地知，2007：山本ほか，2009：小林，2011：山口，2018）

などで問題視され始めます。炎上のきっかけが投稿されるのは、ブログ、Twitter、mixi や Facebook などの SNS、ニコニコ動画、YouTube、Instagram、Instagram のストーリーズ（24 時間で消える動画）、Tik Tok などさまざまですが、それらが２ちゃんねるまたは Twitter に転載され、注目を集めることで炎上していくことが多いです。なぜ２ちゃんねると Twitter なのかは**第２章**で取り上げます。

(2)「拡散」

問題となった言動に対して、ネット上で不特定多数からの批判が殺到します。批判が過熱するうちに過去の言動、実名や所属先などの個人情報が洗い出されて拡散されたり、問題視された対象が一般人ならその所属先、芸能人の場合は出演番組のスポンサーや、広告に出ていればその広告主、企業ならその企業の窓口に電話で抗議するなど、ネットでの批判に留まらない行動が発生したりすることもあります。

「拡散」に一定の役割を果たすのがいわゆる「まとめサイト」です（p.57, **第２章**）。フリー wiki、２ちゃんねるの投稿を編集してブログでまとめる「2ちゃんねるまとめサイト」、Twitter の投稿を引用して並べる「Togetter」 (https://togetter.com/)、ネット上のさまざまな情報をユーザーがまとめられる「Naver まとめ」(https://matome.naver.jp/)〈17〉などで整理されることによって、情報共有がしやすくなります。

(3)「報道」

拡散された投稿がある程度の規模に達すると、「J-CAST ニュース」、「ねとらぼ」(https://nlab.itmedia.co.jp/)、「ITmedia ニュース」(https://www.itmedia.co.jp/news/) などネットでの動向をよく記事化しているネットニュースで取り上げられ、「Yahoo！ニュース」(https://news.yahoo.co.jp/) などのポータルサイトやニュースアプリ「SmartNews」(https://www.smartnews.com/ja/) などでも配信されます。場合によってはマスメディアで報道されます。これらの報道で知った人が、炎上参加者として新たに加わって、批判がぶり返すこともあります(p.87, **第3章**)。

2015年にウェブモニタ調査 (n=945) を行ったところ、炎上の認知率は80.3%、認知経路1位が「テレビのバラエティ番組」で、認知者に対して50.4%、2位が「ネットニュース」で32.2%、3位が「テレビのニュース番組」で28.5%となり、テレビ経由での認知が多いという結果になりました(p.65, **第2章**)。その次に、Twitterで見たことがある人は20.4% (4位)、2ちゃんねるで見たことがある人は18.4%(5位)です。この結果から、ソーシャルメディアを使っていない人にも、テレビやネットニュースを通じて、炎上による評判の毀損が波及していると考えられます。

遠藤薫は、現在の社会は「ネットと既存メディアは、意図するにしないにかかわらず、相互に分かちあいがたくリンクしあいつつ、複合的なメディア環境を形作っている」(遠藤, 2007, p.5) と指摘し、このような社会のあり方を「間メディア社会」と呼んでいます。ネットが普及しただけでなく、従来のマスメディアとも絡み合った間メディア社会化が進んだこと

〈17〉LINE株式会社が2009年に開設したキュレーションサイト。ユーザーがネット上の情報を組み合わせてページにまとめることができる。2010年からページへのアクセス数に応じて報酬が得られるようになり、活発に利用されるようになった。著作権侵害などの問題がしばしば起き、2020年に閉鎖となった。

が炎上の背景にあると考えられます。

(4)「収束」

批判の材料が出尽くしたあたりで、炎上は収束していきます。適切な謝罪があると、それ以上追求しようがなくなるので、収束に向かいやすくなると考えられます。ただし、炎上のきっかけ以外にも不適切な言動や活動が「発見」されると、炎上は長引きます〈18〉。**第3章**で取り上げるPCデポの炎上例では、発端以外の問題がいくつか「発見」されたことで、炎上は1ヶ月近く続き、特に「発見」されなかったラーメン二郎仙台店の炎上は1週間ほどで収束しています。

重要なのは、ネットに不適切なことを書き込めば、ただちに炎上するわけではないということです。多くのユーザーがチェックしている著名人のブログやTwitterのアカウントは別として、一般のユーザーの場合、閲覧者が多い掲示板に転載されたり、拡散力のある人物に言及されたりしなければ、そもそも多くの人の目に触れず(=発見されず)、大規模な批判を受けることはありません。

先に紹介したジャスティン・サッコの事例では、問題となった投稿をした時点のフォロワーは170名ほどでした。投稿した当初は特に反応はなかったのですが、フォロワーの誰かが、あるIT系ジャーナリストにこの投稿の内容をメールし、そのジャーナリストがTwitterで言及したことから火がついたと言われています。ジャーナリストは互いにTwitterでつながっていることが多く、またそれぞれが多くのフォロワーを抱えています。まずジャーナリストの間で話題になった投稿が、それぞれのフォロワーの間でも話題になり、数時間で広く伝播しました。サッコは、自分が人種差別主義者ではないことを自身のフォロワーが知っているという前提のもと

〈18〉謝罪が不適切だとみなされて、それが新たな燃料となる場合もある(p.183〜p.185,第6章)。

に、「典型的な人種差別主義者が言いそうなこと」を皮肉として投稿したのですが、想定以上の多くの人に彼女自身が人種差別主義者であると捉えられてしまいました。その結果、まだなにが起きているのか把握できていないところを勝手に撮影されて画像を公開され、職を失い、襲撃予告を受けたのです（Ronson, 2015 = 2017）。

日本でも、つながっている友人知人の間では、面白がってもらったり、共感してもらったりするはずの投稿が、その文脈を共有しない人々に伝播した結果、批判を招くことになった炎上事例は数多くあります。「バイトテロ」などは、友達や周りの人に面白がってもらうために投稿したら、想定していた輪の外にまで広がって批判されたものと考えられます。平井智尚（2012）は、炎上が生じる背景の一つとして、文化や文脈を共有した友人や知人に向けたつもりの投稿を第三者が閲覧したことから、もともとの文脈が失われて批判が殺到することを指摘しています。炎上について、数千から数万、大規模なケースでは数十万件以上の投稿が行われるのは、2ちゃんねるやTwitterなど多くの利用者がいる場で話題になることで、不特定多数の人々が介入してくるからです。

2006年にバイト先に来店した皮膚病患者を勝手に撮影し、ミイラと中傷した大学生が炎上して、その大学生が通う大学も抗議されたという事例があります。この事例に関する2ちゃんねるのスレッドを見ると、最初に転載された「SNS板」や、皮膚病の話題を専門的に扱う「アトピー板」ではなく、「ニュース速報＋板」や「ニュー速VIP板」で活発に投稿が行われ、投稿者の個人情報の暴露が行われています〈19〉。直接揶揄された皮膚病患者ではない人々が広く反応しているから、大規模な批判となったのです。この事例を紹介したブログでは、「当該のログを以下引用するんだけど、確かにこれはひどい。コメントしている友人もひどい。これを読んだら誰でも頭にくるんじゃないかな～」（Hagex, 2006）〈20〉と記述されています。当事

〈19〉この事例に関して、「SNS板」で3スレッド、「アトピー板」で4スレッド、「ニュース速報＋板」で計67スレッド、「ニュー速VIP板」で100スレッド立てられていたことが、2ちゃんねるのアーカイブサイトであるログ速（https://www.logsoku.com/）や、この事例に関するまとめサイトなどで確認できた（2017年6月）。

〈20〉Hagexさんは「福岡IT講師殺害事件」（2018年）として知られる事件によって亡くなられました。謹んでご冥福をお祈りします。

者でなくてもこれは「ひどい」と感じ、他の人々もそう感じるだろうと予期するからこそ、ネットに投稿して感情を共有しようとするのかもしれません。

もともと私たちの対人ネットワークは、互いに接続されています。たとえばミルグラム（Milgram, S.）は、協力者がまったく知らない人物を指定し、知り合い伝いに指定された人物に届ける「スモールワールド実験」を行い、平均6名を介せば未知の人物に到達できるとしています（Milgram, 1967 = 2006）〈21〉。普段、友達の友達の動向まで私たちはいちいち把握していませんが、自分も友達も、友達の友達もソーシャルメディアでつながっていれば、リツイートやシェアなどで友達伝いの情報は格段伝わりやすくなります。

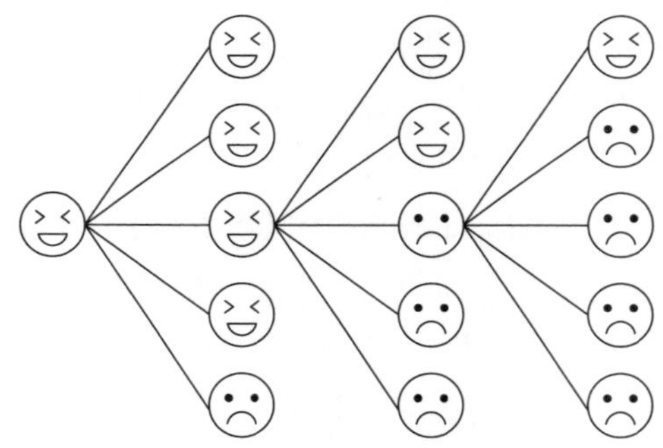

図 1–3　友達にウケていることが友達の友達にウケるとは限らない

人間は共通点を持つ人同士で集まりやすいのですが〈22〉、同じ価値観の者同士でがっちり固まって孤立しているわけではありません。ということは、ある特定の友達の間ではだいたいのところ「面白い」とされることが、

〈21〉ただし、この実験手法は後に批判され、再検討が行われている（eg., Watts, 1999 = 2006）。
〈22〉類似点がある者同士が友人になりやすいことをホモフィリー（Homophily）と言う（Lazarsfeld & Merton, 1954）。また、付き合いが長くなると互いに影響しあうことで次第に考え方や行動様式が似てくると言われている（Easley & Kleinberg, 2010 = 2013）。

友達を介して別のつながりに伝わると、そこでは「許しがたい」こととして非難されることもありえます〔図1-3〕。

「はじめに」では炎上において、なんの縁もゆかりもない人物の言動に対して多くの人々が反応することが奇妙だと述べました。ですが、友達の友達、またその友達というかたちで、無数の人々と純粋な「赤の他人」ではないことが、ソーシャルメディアによって可視化されているのが現在の社会のあり方と言えます。だからこそ、多くの人の感情を揺さぶるような話題が出てくればあっという間に広がり、投稿者が考えもしなかった人々にまで到達して、思わぬ反応が起きるのです。

4. 炎上の２つの側面——「祭り」と「制裁」

それにしても、なぜ数多くの人が自分とは直接利害関係のない対象を批判し、時には攻撃するのでしょう。炎上が持つ２つの側面から考えてみましょう。

A.「祭り」としての炎上

平井（2012）と伊藤昌亮（2014）は、炎上と２ちゃんねるの「祭り」が地続きであると指摘しています。２ちゃんねるの「祭り」とは、２ちゃんねる上での呼びかけを元に不特定多数が参加するイベントのことです。「吉野家祭り〈23〉」（2001年など）や、覚醒剤所持などで逮捕されたタレントの田代まさしを、米「タイム誌」のパーソン・オブ・ザ・イヤーの１位にしよ

〈23〉「吉野家祭り」とは、当時２ちゃんねるで盛んに転載されていた牛丼チェーンの「吉野家」に関するテキスト（吉野家コピペ）がもとになったイベント。呼びかけられた時間に吉野家に赴き、テキストの通り「大盛りねぎだくギョク」を注文し食べるというもので、複数回行われている（伊藤，2005：谷村，2008）。

うと投票を呼びかけた「田代祭」（2001年）などが代表的な事例です。「祭り」には「のまネコ騒動」（2005年）〈24〉など攻撃的なものもあります。2004年に起きた「JOY祭り」〈25〉と呼ばれる主婦のブログへのバッシングは、後の炎上とほぼ同じプロセスを辿っています（荻上，2007）。

炎上には「祭り」と同じく、ネットでつながる不特定多数が呼応して、同じ行動を取ることで盛り上がるという側面があると考えられます。そうした中で、炎上している個人の実名・顔写真・住所・所属先などの個人情報が暴露され、拡散されることが少なからずあります。公共の場にいる他人を撮影してネットに投稿したり、他者の個人情報を書き込んだりしたことから炎上した事例も多々あるので、炎上でよく批判される行為を、批判している側も行うというねじれが生じています。

なぜこのようなことになるのでしょうか。荻上（2007）は、炎上の背景に「エコーチェンバー」（Echo Chamber：Sunstein, 2001 = 2003）と「サイバーカスケード」（Cyber Cascade：Sunstein, 2001 = 2003）があると指摘しています。エコーチェンバーとは、自分の意見と似た意見とばかり接触することによって意見が強化されること、サイバーカスケードはネットで似た意見の人々が互いに結びつけられ、もともと持っていた意見が強化されることです。こうした環境では、元の意見は純化され、極端化しやすいとされています。

そもそも、他者に対する批判は同調者を生みやすいと言われています。人間には、他の人の否定的評価に同調する傾向があることが実験で確認されています（Davis & Jones, 1960）。また、攻撃的な振る舞いをすることは、当人の攻撃的な傾向をより強めるという報告もあります（Ebbesen et al., 1975）。こうした傾向が、ネットでの行動でも変わらないのであれば、ある人物に対する他のユーザーによる否定的な評価を目にした人は、その人物を否定

〈24〉2ちゃんねるでよく使われていた作者不詳のアスキーアートのキャラクター「モナー」が「恋のマイアヒ」（O-Zone）のPVで話題になったことから、エイベックスネットワークが「のまネコ」として商用キャラクターを作成し、商標登録申請を行ったことから騒動となったもの。エイベックスや同社所属アーティストをCMに起用した企業への不買運動、エイベックス社長に対する殺害予告なども起きた。

〈25〉飲食店内で走り回った自分の子供を注意した店員を夫らが殴ったことを投稿した主婦のブログを攻撃した「祭り」の一つ。このブログが2ちゃんねるの「既婚女性板」に転載されたことに始まり、ブログのコメント欄に批判が多数投稿された。主婦の本名や自宅の画像、オークション履歴などの個人情報が晒されたり、ブログの投稿から他にも不法行為をしている可能性があるとして、関係機関に通報されたりした。主婦はブログを閉鎖している（荻上，2007）。

的な立場から評価しやすくなると考えられます。他のユーザーが攻撃的な投稿をしていれば、つられて攻撃的な投稿をすることも考えられます。また、自身が攻撃的な投稿をすればするほど、より攻撃的な投稿をためらわなくなっていく可能性もあります。

サイバーカスケードは、ソーシャルメディアが本格的に普及する以前に提示された概念ですが、現在のソーシャルメディアを対象とした実証研究でも、実際に意見の極端化が起きていることを示唆する結果が出ています。たとえば、2004年の米大統領選の際に政治的ブログを収集し、それぞれがリベラル志向か保守志向かを判別した上で、リンク構造を抽出したところ、リベラル志向のブログはリベラル志向のブログに、保守志向のブログは保守志向のブログにリンクしている傾向が強いことが確認されています（Adamic & Glance, 2005）。ただし、意見の極端化は限定的であるとか、ソーシャルメディアの利用によってむしろ対人ネットワークの多様化が起きているとする研究も複数あります〈26〉。

炎上に関連した投稿の分析でも、炎上が拡大していく中で、批判が盛り上がる一方、炎上の対象を擁護したり、過度の攻撃を諫めたりする意見が消退し、意見の極化が起こっていることを示唆する報告があります。河島茂生（2014）は、中学生がいじめ動画をYouTubeに投稿した事例（2011年）と、スマイリーキクチ中傷被害事件（2000～2009年）に関する2ちゃんねるへの投稿数と頻出語の推移から内容分析を行っています。スレッドには批判者を批判する投稿や炎上した者を擁護する投稿も行われてはいますが、それらは無視されるか論難されて擁護が投稿されにくくなり、結局炎上した者に制裁が加えられるまで批判が続いていくと報告しています。小峯隆生（2015）は、炎上事例に関連したTwitterと2ちゃんねるの投稿に対して、論調を「好意的」・「悪意」・「中立的」の3類型に分け、好意的な投稿については+1、悪意によるものは−1、中立的な書き込みについては±0とし

〈26〉たとえば、ウェブの選択的接触は個人の関心の強い問題に限ってみられ、政治的寛容性の低下や異質な情報の回避に結びついているわけではないとする報告がある（小林・池田，2008）。また、ソーシャルメディアの利用によって、より多様な人々との交流が促進されるという報告もある（Kim et al., 2013）。意見の極端化はソーシャルメディアをよく利用している若い世代よりも、それほど使っていない中高年世代で起きており、Twitterで自分と異なる意見で知られる論客をフォローしている人も多いという研究もある（田中・浜屋，2019）。

て集計し、論調の変動をグラフ化する形式で内容分析を行っています。コンビニのアイスケースに入った画像を投稿した高校生の事例（2013 年）と、官僚が東日本大震災の復興支援を否定した事例（2013 年）ではグラフの曲線は右肩下がりになっており、河島（2014）と似た結果となっています〈27〉。

先に紹介したように、炎上では、炎上した者が実社会で処分されたり、時には自殺に至らしめるまで追い詰めるほどの抗議が行われることがあります。なぜそこまでネットでの批判が過熱し、さらに所属先などにわざわざ電話で直接抗議する人々が出るのかといえば、批判的・攻撃的な感情をネットで表出しあうことでそれらが強化されるからなのかもしれないと考えられます。

このように炎上を捉えると、炎上のさなかでは、炎上参加者はあたかもお互いに感情を煽られあって理性を失った暴徒のようになっているのではないかと想像してしまいます。ですが、炎上や類似例に関する投稿の内容分析では、批判的な投稿は３割前後、感情的・攻撃的な投稿は１割に満たないという報告もあります（三上，2000，2001：田中，2016a）。**第３章**では炎上に関する Twitter への投稿を分析し、実際にどういう投稿がされ、どういう投稿がリツイートされているのか見てみましょう。

B.「制裁」としての炎上

炎上には過剰な攻撃が起きることもしばしばありますが、炎上がすべて害悪であるとは言えません。特に企業に対する炎上には、一種の消費者運動としての意味もあります。2011 年に起きた「グルーポンおせち」騒動（p.13）のように、消費者が泣き寝入りを強いられたかもしれない出来事が、ソーシャルメディアで話題となり、マスメディアでも報道されることによって、企業が対応せざるをえなくなった事例もあります。

そもそも炎上のきっかけとなる事件や投稿は、批判する側に理があるよ

〈27〉ただし小峯（2015）の分析では、単純な右肩下がりになっていない事例もある。退職者を批判した社長のコラムから炎上した事例（2014 年）では、社会人が活発に投稿する時間帯に入ったところで、社長の考えに理があるとする投稿が相次ぎ、上昇に転じている。

うな事例も少なくありません。小林（2011）や田中・山口（2016）の炎上事例の分類を見ても、いずれも炎上の対象となった側に一定の非があると言えます。これらの行動が間違っていると多くの人が感じるからこそ、不特定多数による攻撃が発生すると考えられます。先に炎上の定義を紹介したロストら（2016）は、社会規範理論〈28〉に基づいて、炎上への参加を一種の社会的制裁行為と捉えた上で、ドイツの代表的な署名サイトの投稿を分析しています。その結果、unfair や injustice など公正概念に関わる単語を含む投稿は、そうではない投稿よりも攻撃的な表現が多く、また実名の投稿の方が攻撃的な表現が多いと報告しています。

コンピュータを介したコミュニケーションを扱う CMC（Computer Mediated Communication）研究では、匿名であると攻撃的な行動が観察されやすくなるとされてきました。たとえば、チャットシステムを用いた集団形成実験を行ったところ、実名群と比べて匿名群の敵対的発言が６倍多かったという研究があります（Kiesler et al., 1984）。これに対して、ロストら（2016）の結果は、炎上に関しては逆に実名の投稿で攻撃性が高くなるというもので、炎上は匿名であることによって規範意識が緩んだ脱抑制的な行動として単純に解釈できないことを示唆しています。また、是永論（2008）も、個人や企業などの不正が炎上のきっかけになることから、炎上を集団規範の高まりとして考えることができると示唆しています。

つまり、一定以上の規模の炎上の場合、炎上のきっかけとなる言動が人々の常識や規範を逸脱しているとみなされるからこそ、当事者ではない人々も制裁に参加すると考えられます。趣味でつながった人の間で不特定多数から批判されることは日々あちこちで起きているようですが、それらが大きな炎上に発展することは稀です。そのコミュニティの中では批判されても、コミュニティの外では批判される理由そのものが理解されにくいために、広がらないと考えられます。

〈28〉社会的規範が維持される仕組みを研究するもの（eg., Olson, 1965 = 1996）。社会的制裁行為が発生しやすい条件については、(1) 制裁のコストが低いこと、(2) なんらかのインセンティヴがあること、(3) 規範を強化するよう動機づけられていることが挙げられている（Rost et al., 2016）。

5. 本書で考えたいこと

この章では炎上について概略を説明しました。ソーシャルメディアの発展とともに炎上は増えており、さらにマスメディアを含めたメディア環境が変化したことで、影響力が大きくなっています。また、みんなで特定の人や企業を叩いて盛り上がるという「祭り」としての側面と、間違ったことをした相手を糺(ただ)す「制裁」としての側面があると考えられます。

ですが、なぜ現在の社会では炎上が発生しやすいのかまだまだよくわからないことがあります。以下、この本で取り上げていくことをまとめてみましょう。

(1) 炎上の変遷とメディアの役割(第2章)

「炎上」と名付けられた2005年と今のメディア環境はかなり違うところもあります。炎上とメディア環境がどう変遷してきたかを振り返ることで、炎上が起きやすくなった条件を検討します。

(2) Twitterでは炎上についてなにが投稿されているのか(第3章)

Twitterの特徴は、リツイートによって情報が拡散することです。では炎上に関する投稿はどのようなものがリツイートされているのでしょうか。炎上に関するネットニュースなど、Twitter外のコンテンツがどういう風に拡散されているかも検討します。

(3) 炎上参加者の特徴（第4章）

田中・山口（2016）では、ウェブモニタ調査の結果から、炎上参加者全般の傾向として、年齢が高い人よりは若い人が、女性よりは男性が、子供のいない人よりは子供がいる人が、年収が低い人より高い人が参加しやすいと分析しています。さらに、山口真一（2018）は、先の傾向に加えて、一般社員よりも管理職（主任・係長クラス以上）が参加しやすいとしています〈29〉。こうした基本属性以外に、炎上参加者にはどのような特徴があるのでしょうか。

(4) 企業が炎上すると、どのような影響があるのか（第5章）

先に紹介したように、大規模な炎上が起きると、企業の株価が下がる可能性高くなると言われています。一方、企業に対する消費者の態度や行動にどれくらい影響するのかはあまり検討されていません。ウェブモニタ調査で、消費者への影響を検討してみたいと思います。

(5) 企業は炎上にどう対応すべきなのか（第6章）

企業が炎上した場合、無視することは今の社会では困難です。謝罪文をネットで公開する企業も多いですが、やり方によっては逆に不満が高まることもあります。ではどのような対応が望ましいのか、事例から考えてみたいと思います。

炎上は単なるネットでの騒動ではなく、社会的な出来事となっています。個人の人生を台無しにすることもありますし、株価が下がるなど企業価値が毀損されてしまうこともあります。どうしてこのようなことが起きる社会になったのか、どうすれば炎上の害を抑止できるのかを最後に考えてみたいと思います。

〈29〉ただし、炎上参加者の中で特に攻撃的な人は、正規雇用の仕事についている人が少ないなど違う特徴を持っている可能性がある（清水，2017：p.147，コラム4）。

コラム1
炎上とソーシャルメディア

①ユーザーが自由にテキストや画像、動画などを投稿でき、②ユーザー同士が双方向のコミュニケーションができるネットサービスを「ソーシャルメディア」と言います。炎上が発生し、拡大するのはソーシャルメディアです。ソーシャルメディアとはどのようなものなのでしょうか。

ソーシャルメディアという言い方が出てきたのは、2006年頃と言われています。それ以前から、掲示板やブログなどを指すCGM（Consumer Generated Media：消費者生成メディア）という言い方もあります。それらに投稿されたコンテンツは、UGC（User Generated Contents：ユーザー生成型コンテンツ）と呼ばれています。

ソーシャルメディアの代表例をまとめたのが下記の表です。この他にもAmazonなどネットショップのレビューなどを含めることもあります。

表1　国内でよく利用されているソーシャルメディア

掲示板	2ちゃんねる（https://2ch.sc/）・5ちゃんねる（https://5ch.net/）　爆サイ.com（https://bakusai.com/）
ブログ	アメーバブログ（https://ameblo.jp/）　liveddor ブログ（https://blog.livedoor.com/）
ミニブログ	Twitter（https://twitter.com/）　Instagram（https://www.instagram.com/）
SNS	Facebook（https://www.facebook.com/）　mixi（https://mixi.jp/）
メッセンジャー	LINE（https://line.me/ja/）
動画共有サイト	YouTube（https://www.youtube.com/）　ニコニコ動画（https://www.nicovideo.jp/） TikTok（https://www.tiktok.com/ja/）
レビューサイト	食べログ（https://tabelog.com/）　LIPS（https://lipscosme.com/）

これらのすべてで炎上が発生するわけではありません。不特定多数が目にすることができないサービスでは、炎上のきっかけになるような投稿があっ

ても、騒動にはなりにくいと考えられます。

情報共有のされ方に注目して分類すると、ソーシャルメディアはだいたい3つのタイプに分かれます。

①他のユーザーをフォローしなくても利用できるもの
掲示板・動画共有サイト・レビューサイト・ブログ

②相手の承認なしにフォローして利用するもの
ミニブログ（Twitter・Instagram など）

③相手の承認を得た上でフォローして利用するもの
SNS（Facebook・mixi など）・メッセンジャー（LINE など）

騒動の火種になりやすいのは不特定多数が閲覧しやすい①と②です。たとえばLINEは国内のソーシャルメディアの中でもっともよく使われていますが、LINE から炎上した事例はそれほどありません〈1〉。SNS の中では mixi は炎上のきっかけとなった事例が比較的多いサービスですが、これは公開設定を「全体に公開」にしていると、mixi ユーザーであれば不特定多数が閲覧・検索できたためです。

ソーシャルメディアでのコミュニケーションは、個々のサービスの仕様によって大きく変わります。実名か匿名か顕名（東，2003）か、複数アカウントが使えるかどうか、投稿を誰が見るのか、他のユーザーにどういう形でリアクションを返せるか、要するにそのソーシャルメディアのデザインに従って、そのサービスにふさわしい振る舞い方が決まってきます。

ということは、ソーシャルメディアの仕様を変更して、今よりも誹謗中傷が起こりにくくすることもできるはずです。不快なリプライ（返信）がしばしば問題となっていることを受けて、Twitter は、2019 年に他のユーザーからのリプライを非表示にする機能を追加しました。同様に Instagram は、2019 年にユーザーが「いいね！」数に固執して、マナー違反や危険なことをしてでも「映える画像」を投稿することを抑制するために、「いいね！」の数を投稿者以外に非表示にしています。

ソーシャルメディアは、多様な人と手軽に交流できる機会を提供し、ユーザーの生活をより豊かにするためものです。誹謗中傷などの弊害を抑止し、ソーシャルメディアの良い面を楽しめるよう、最適なつながり方を今後も模索していくべきでしょう。

〈1〉2019 年に女性タレントが自身の家族のアルバイト先を恫喝する LINE メッセージが Twitter に投稿されて炎上し、その後引退した事例がある。

第2章

炎上の歴史と社会の変化

1. 間メディア社会における炎上

炎上は、ソーシャルメディアの発達に伴って現れた現象です。ネットの発達以前にも、TVなどのマスメディアで不祥事やスキャンダルなどの報道を見た人が、問題を起こした人を批判することはありましたが、ほとんどは家族や友人など、身近な人との間で意見を交換するだけでした。それがソーシャルメディアの発達によって、不特定多数に対して意見を表出することができるようになりました。それだけでなく、自分の意見と似た投稿に共感したり、自分と対立する意見にネットで反論したり、それらを拡散したりすることも、いま他の人たちがどういう話題で盛り上がっているのかリアルタイムで見ることもできるようになりました。

このような環境においては、サンスティーン（Sunstein, C.）が指摘したように、ある出来事に対して似た意見を持つ人々がネット上で出会い、もともと持っていた意見がより強化されることもありえます（Sunstein, 2001 = 2003）〈1〉。だからこそ炎上という現象が生まれたと、まず考えられます。

ネットでの不特定多数の意見の盛り上がりには、マスメディアの報道も大きな影響力を持っています。**第1章**で紹介した河島（2014）の「スマイリーキクチ中傷被害事件」（p.5, **第1章 注3**）の分析（p.27）では、マスメディアの影響も検討されています。2ちゃんねるで「スマイリーキクチ」をタイトルに含むスレッド167件（2000年～2009年）を収集し、スマイリーキクチ中傷被害事件に関する投稿3万6,780件の推移を分析した結果、2007年までは「スマイリーキクチ」をタイトルに含むスレッドの年間投稿数は2,000件に満たないものでした。その後、スマイリーキクチが自身のブロ

〈1〉サンスティーンは、ネットでの似た意見の人々との交流などによって意見が極端化することを、「サイバーカスケード」と呼んでいる（p.26, 第1章）。

グで警察への告発を予告した2008年には3,769件に増え、誹謗中傷を行ったと特定された19名が書類送検された2009年には2万8,558件に増加しました。特に、テレビのニュース番組や新聞などのマスメディアで一斉に報道された2009年2月5日からは5日間で1万9,454件投稿されています。同じように、藤代裕之（2016）は、2015年に起きた東京オリンピックエンブレムの盗作騒動〈2〉について、テレビ番組が取り上げるとTwitterへの投稿件数がはっきり増えていることを明らかにしています。

つまり、ソーシャルメディアでの批判の盛り上がりがテレビなどマスメディアで報道されると、それまでよりもはるかに投稿数が増大するのです。マスメディアはネットで話題になっていることをネタにし、○○が炎上していると報じますが、実は一番投稿が盛り上がるのはその報道の後ということは珍しくありません。少なくとも報道されるような規模の炎上については、マスメディアが大きな役割を果たしている可能性があります。

このような情報構造の中で、現在の炎上は拡大し、長期化していると考えられます。炎上はネット上の現象と捉えられることが多いと思いますが、マスメディアの介在にも注意しなければなりません。ネットが普及して多くの人が自分の意見を投稿するようになっただけでなく、ネットの盛り上がりがマスメディアでよく報道されるようになったから、炎上が社会的な影響力を持つようになったと考えられるからです。

こうした観点から炎上を考えるときに問題になるのが、さまざまなメディアが互いに参照しあう「間メディア社会」（遠藤，2007）のあり方が変容し続けていることです。

炎上という名がつけられた2005年と、本書を書いている2021年では、情報環境はかなり異なっています。2005年前後には、2ちゃんねるやブログはありましたが、Twitter、LINE、Instagramなど現在有力なソーシャルメディアはまだありませんでした。また、Yahoo！ニュースなどのネット

〈2〉2020年開催予定だった東京オリンピックエンブレムが、ベルギーのリエージュ劇場のロゴと酷似していると指摘されたことをきっかけに、エンブレムのデザイナーの他の作品にも盗用があったとして批判が拡大したもの。

ニュースも存在はしていましたが、今ほどたくさんあったわけではありません。さらに、新聞・TVといったマスメディアが頻繁にネット上の話題を取り上げることもなく、現在と比較すると、ネットとマスメディアの間には大きな断絶がありました。「通信と放送の融合」を目指したライブドアグループによるニッポン放送の敵対的買収と、楽天によるTBSの敵対的買収が時期尚早であると強い反発を受けて失敗したのが2005年です。そもそも、2008年のiPhone3G国内発売まで、スマートフォンはほとんど普及していませんでした。

これらの情報環境の変化を考えると、炎上のあり方も変化していると考えられます。本章では、炎上という現象がどのように変化してきたかを以下の3期に分けて、それぞれの時期に特徴的な炎上事例を紹介します。

(1) 炎上と名付けられる以前(〜2004年)

(2) 炎上と名付けられた以降(2005〜2009年)

(3) Twitter普及以降(2010年〜)

その上で、現在の炎上に関わる各メディアの役割を整理し、Twitterの投稿に各メディアがどのように影響しているかを具体的なデータをもとに検討する**第3章**につなげていきたいと思います。

2. 炎上の変遷

天野彬(2019)は、SNSの変遷を①パソコン通信から掲示板、個人サイトの時代、②発信のハードルが下がったブログや前期SNS、③スマホ普及

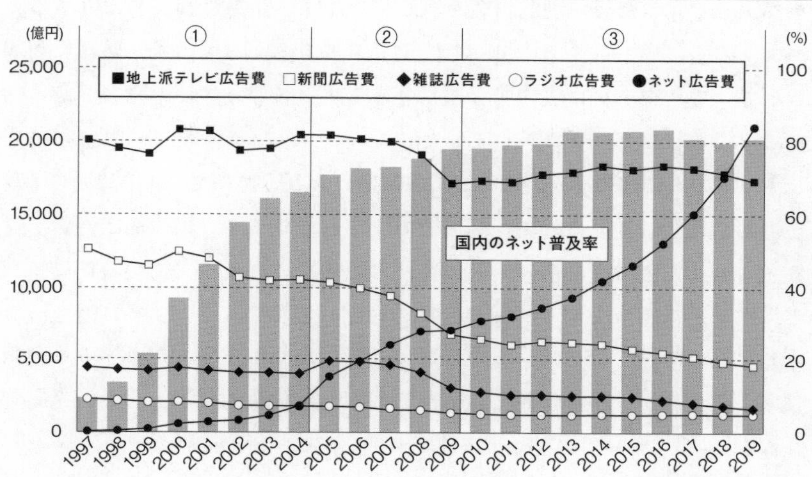

図 2-1　国内のネット普及率（総務省「通信利用動向調査」［右軸棒グラフ］）**と媒体別広告費**（電通「日本の広告費」［左軸折れ線グラフ］）（筆者作成）

とともにより手軽になった後期SNSに分けて整理しています。

たとえば、①の時期には個人で情報発信をするには、ある程度はHTMLなどの知識がないと難しいところがありました。それが②の時期になると、予備知識なしに使えるブログやmixiなどのSNSが登場し、情報発信への敷居が大きく下がりました。さらに、2010年あたりからはTwitterを多くの人が使うようになり、スマホの普及と相まって、より手軽にさまざまな人々とつながり、意見を不特定多数に向けて表明することができるようになりました。ということは、個人が炎上するきっかけを作ってしまうことも、炎上している人や企業を批判することも簡単になったということです。

上記3つの時期区分におけるネットの人口普及率と媒体別広告費の推移をまとめたのが図 **2-1** です。左軸は、電通が発表している「日本の広告費」

を参照して入れた媒体別広告費を表しています。企業は顧客になりうる人がより多く接触するメディア（媒体）に広告を出稿しますから、盛んに利用されているメディアに広告費を振り分けます。メディアの影響力を測る指標の一つとしてグラフに入れました。

ネットの人口普及率を見ると、①の時期に大きく伸びて、②の時期に7割を越えて8割に迫り、以降8割前後で安定しています。媒体別広告費を見ると、ネット広告費はネット人口普及率の伸びに遅れて、②の時期にラジオ、雑誌、新聞を上回り、③の時期の後半に急伸して2019年に地上波テレビを追い抜いています。②の時期には既にたくさんの人がネットを利用していましたが、③の時期に社会への影響力が飛躍的に増大したと考えられます。

表2-1は、主要な炎上事例と、ソーシャルメディアやマスメディアの動きをまとめたものです。新しいソーシャルメディアが登場し、それなりに利用されるようになると、そこから炎上が発生していることがわかります。

また、ネットメディアも時代とともに変遷をたどってきました。炎上という言葉が生まれる以前、①の時期よりも前に「Yahoo！ニュース」（1996年開設）などポータルサイトのニュースページや「朝日デジタル」（「asahi.com」として1995年開設）などマスメディアのニュースサイトは出揃っていましたが、②の時期にネットニュースや2ちゃんねるまとめサイトが登場し、③に入る直前の2009年にはNAVERまとめなど、ユーザーが自由にまとめられるサービスが登場、2012年にニュースアプリが相次いで配信されるなどしています。2017年の「保守速報」（https://hosyusokuhou.jp/）敗訴〈3〉は、まとめサイトにも社会的責任が求められるようになった証として年表に加えました。

〈3〉政治系の2ちゃんねるまとめサイト。中国・韓国に対する排外主義的な記事を配信していた。フリーライターの李信恵が同サイトの記事が名誉毀損などに当たるとして2014年に提訴。2017年に大阪地裁が保守速報側に賠償金の支払いを命じる判決を出し、2018年最高裁が保守速報側の上告を棄却し、判決が確定した。同年、エプソンなどの企業が同サイトへの自動配信による広告出稿を停止している（籏智，2018）。

表 2-1　炎上および関連事例の変遷（吉野［2014］・奥村［2017］より筆者作成。■は2章、□は3章で取り上げる事例）

		炎上・炎上関連事例	主要 CGM	ネットニュース まとめサイト	マスメディア・その他
①炎上と名付けられる前	1999 年	■東芝クレーマー事件	・2ちゃんねる開設		
	2000 年		・西鉄バスジャック事件		
	2001 年				
	2002 年	・「ギコ猫」商標問題			
	2003 年		・ライブドアブログなど国内でブログサービス開始 ・2ちゃんねる、全投稿のIPアドレス保存開始		
	2004 年	・JOY 祭り（ブログ）	・SNSのGREE/mixi開設 ・Facebook 開設（米） ・2ちゃんねる「ニュース速報（VIP）板」開設		
②炎上と名付けられた時期	2005 年	・「炎上」という呼称が定着 ■ホットドッグ店アルバイト炎上（ブログ） ・「のま猫」騒動	・Youtube 開設 ・ニコニコ動画開設 ・フリーWikiサービス開始	・J-CAST ニュース設立（p.72 コラム2参照） ・「痛いニュース(ノ∀`)」ほかブログサービスを用いた2ちゃんねるまとめサイト開設	・ライブドアによるニッポン放送の買収失敗 ・楽天による TBS 買収失敗 ・国内初のネット連動CM（ライフカード）
	2006 年	・NTT ドコモのプロモーション（炎上）	・Twitter 開設（米）		
	2007 年	・吉野家「テラ豚丼」（ニコニコ動画）	・mixi、国内ユーザー1000 万人突破	・Yahoo！ニュースにコメント機能追加	・「日本の広告費」（電通）でネット広告費が雑誌広告費を初めて上回る
	2008 年	・スマイリーキクチ中傷被害事件（ブログ） ・毎日デイリーニューズ WaiWai 問題	・Twitter Japan 開設		・iPhone 3G 国内発売
	2009 年			・NAVER まとめ開設 ・Togetter 開設（Twitter のまとめサービス）	・スマイリーキクチ中傷被害事件がマスメディアで報道される ・「日本の広告費」（電通）でネット広告費が新聞広告費を初めて上回る
③Twitter普及以降	2010 年	■UCC 上島珈琲のプロモーション炎上（Twitter）	・Twitter の国内利用者が 1000 万人突破 ・Instagram 開設		・尖閣諸島中国漁船衝突映像流出事件
	2011 年	・フジテレビ抗議デモ	・LINE 開設 ・Facebook 国内利用者1000 万人突破		
	2012 年		・LINE国内利用者1000万人突破	・ニュースアプリ配信開始（グノシー、スマートニュース） ・Yahoo！個人開設	・NHK「NEWS WEB 24」放送開始。番組内でTwitterに投稿された感想がほぼ常時表示される。
	2013 年	・「アイスケース」事件（Facebook）など「バカッター」「バイトテロ」型炎上頻発 ・炎上した地方議員が自殺（ブログ）	・Twitter のリプライが言及先の投稿から一覧表示できる現在の形式に変更		・「アイスケース」事件など炎上事例に関する報道がさかんに行われる
	2014 年				・ビデオリサーチ、「Twitter TV エコー」発表
	2015 年	・ルミネ炎上（以降ジェンダー系炎上事例が増加）			
	2016 年	□PC デポ炎上（Twitter）	・Instagram の国内利用者が 1000 万人突破 ・TikTok 開設		・AbemaTV 開設（サイバーエージェント・テレビ朝日）
	2017 年	□ラーメン二郎仙台店炎上（Twitter）	・「インスタ映え」が流行語大賞に	・2ちゃんねるまとめサイト「保守速報」が名誉棄損で訴えられ敗訴（大阪地裁）	
	2018 年				
	2019 年	・「バイトテロ」型炎上頻発			・「日本の広告費」（電通）でネット広告費が地上波テレビ広告費を初めて上回る

それでは、炎上とマスメディアとの関連を見てみましょう。**第1章**で紹介したように、マスメディアが炎上について初めて大々的に報道したのは2009年のスマイリーキクチ中傷被害事件で、その後は2013年、2019年のバイトテロなどさまざまな炎上事例が報道されています。炎上以外でも③の時期に入ると、「ネットと放送の融合」が進んでいることが目立ちます。先鞭をつけたNHKの「NEWS WEB 24」だけでなく、リアルタイムにTwitterに投稿されたコメントを紹介するTV番組はどんどん珍しくなくなってきています。

また、ネットで話題になった動画が情報番組やバラエティ番組で紹介されることもよくあります。藤代（2014）は2010年の尖閣諸島中国漁船衝突映像流出事件から、中川淳一郎（2017）は2011年頃からマスメディアがソーシャルメディアのコンテンツを報道のソースとするようになる傾向が強まっていると指摘しています。2011年の東日本大震災では、マスメディアの取材陣が現地に入れない中、地元の人々がソーシャルメディアに投稿した動画や画像を元にした報道も相次ぎました。ちょうど②から③に移り変わった時期です。

時代が進むにつれ、マスメディアがネットの動きをよく取り上げるようになった背景には、「日本の広告費」のデータで確認できるように、ネットの伸長に伴って、マスメディアの影響力が相対的に減少していることが挙げられます。テレビの総世帯視聴率（リアルタイムでテレビを見ている世帯の比率）は1997年度下期にはゴールデンタイム71.2%だったのが、2019年度下期には同60.2%まで下落しています（不破, 2020）。新聞の総発行部数も、2000年は5,370万8,831部だったのが、2019年には3,781万1,248部に減少しています（日本新聞協会, 2020）。マスメディアの影響力が低下しつつある中で、ネットで人気のコンテンツなら人々の注目を集める可能性が高く、比較的手軽に制作できるため、ますますマスメディアで取り上げられやすくなっていると考えられます。

このような流れを受けて、視聴率調査を行っているビデオリサーチは、放送番組に対するTwitterの反響を調査する「TwitterTVエコー」サービスを2014年に開始しています（ビデオリサーチ, 2014）。視聴率が低くても熱狂的なファンがついている番組はありますから、視聴の「質」をTwitterの投稿から分析しようというサービスです。

このような状況の中で、ソーシャルメディアへの投稿が一種の「民意のようなもの」として扱われるケースも出てきました。2020年の新型コロナウイルス問題など大きな出来事があると、ネットの反応が報じられることがしばしばあります。2020年4月に政府から一世帯に2枚配布された布マスクを揶揄した「アベノマスク」という言葉は、Twitterであっという間に広がるだけでなく、マスメディアでも政府への批判を象徴する表現として使われ、さらに海外メディアでも報じられました。同年5月には検察庁法改正を見送るとの発表があり、これはTwitterを中心としたソーシャルメディアでの批判を考慮したものと複数のメディアで報道されています（水島, 2020）。

批判の妥当性はとにかく、ソーシャルメディアを活発に利用している人には偏りがあるので、ソーシャルメディアで盛り上がっている意見を民意と捉えるのは危ういことは誰でもわかっているはずなのですが、なしくずしになっているところも少なからずあると思います。

こうして振り返ってみると、さまざまなネットサービスが登場するだけでなく、この20年の間に社会の中でネットの存在感が次第に大きくなってきたことが読み取れます。世の中が移り変わっていく中で、炎上のかたちはどのように変わってきたのでしょうか。

A.「炎上」と名付けられる以前（～2004年）
――東芝クレーマー事件（1999年）

1999年に起きた「東芝クレーマー事件」は、国内では初の、ネットで抗議した消費者に対して企業が公に謝罪した事例です。当時は「炎上」という言葉はありませんでしたが、個人ホームページをきっかけに掲示板で批判が盛り上がり、マスメディアが動いて企業が謝罪するという展開は、典型的な告発型炎上と言えます。

東芝クレーマー事件とは、ビデオデッキの不具合対応でやりとりがこじれた顧客（以下、A氏）に対して、総会屋対策などを担当する渉外管理室の社員が「お宅さんみたいのはね、お客さんじゃないんですよ、もう。ね、クレーマーっちゅうのお宅さんはね。クレーマーっちゅうの、もう。（ママ）」と電話で告げる音声を、A氏が自身のホームページで公開し、掲示板で意見を募ったことから騒動となったものです。ホームページは閉鎖されるまでに800万アクセスを集め、1999年5月に開設されたばかりの2ちゃんねるでもこの問題は大きく取り上げられたと言われています（小林，2015）。この事例の経緯をまとめたのが表**2-2**です。

現在の炎上に慣れた目から東芝クレーマー事件を振り返ると、展開が遅いという印象を受けます。次に取り上げるホットドッグ店アルバイトの事例（2005年）では、騒動が始まった翌日にはホットドッグ店の運営企業が公式サイトで反応しており、UCC上島珈琲の事例（2010年）では、批判が始まって数時間後に対応を発表しています。それに対して、東芝クレーマー事件では、公式サイトに経緯説明が掲載されたのは、問題のホームページが公開され、掲示板で話題になってから1ヶ月以上経ってから、東芝によるA氏ホームページの一部削除を求める福岡地裁への仮処分申請がマスメディアで報道されてからも、申請を取り下げるまで4日かかっています。危機管理広報では、迅速な対応が不祥事への批判を早期に沈静化さ

表 2-2　東芝クレーマー事件の経緯
（前屋，2000：三上，2000，2001より筆者作成）

日付	内容
1998/12	A氏が東芝に同社製ビデオデッキ２台の修理を依頼
1999/2	「渉外管理室」職員が問題となった発言を行う
1999/2~3	A氏が電子版掲示板サービス「ニフティサーブ」のオーディオ関連会議室に書き込み
1999/4	オーディオ関連会議室管理者が、A氏の投稿を断る
1999/6/3	A氏が「東芝のアフターサービスについて」というホームページを作成し、発言の音声ファイルを公開する。同日、「悪徳商法マニアックス」掲示板にホームページを告知
1999/6/7	Yahoo！掲示板に「東芝サポート問題について」コーナー開設 同日、東芝の顧客窓口に最初の問い合わせの電話が入る
1999/7/5	経緯を取り上げた経済誌「週刊ダイヤモンド」発売
1999/7/8	東芝が公式サイトにこの件に関する経緯説明を掲載 ※この時点で東芝の顧客窓口に1,000件以上の問い合わせが行われていた ※A氏のホームページへのアクセスが急増し、200万を超える
1999/7/15	東芝がA氏のホームページの一部削除を求める仮処分を福岡地裁に申請 夕方・夜のNHKニュース他、ニュース番組でいっせいに報道 Yahoo！掲示板・悪徳商法マニアックスで東芝批判が高まる
1999/7/19	東芝の町井副社長が謝罪会見。仮処分申請取り下げを発表
1999/7/22	東芝の町井副社長が「週刊朝日」記者立ち合いのもと、A氏と面会
1999/秋	ホームページ閉鎖

せる条件と言われていますが（小林, 2015）、東芝クレーマー事件の場合、国内初のインターネット発の企業不祥事だったこともあり、後手後手に回ってしまったのかもしれません。

三上俊治（2000）は、東芝クレーマー事件に関する「悪徳商法マニアックス」掲示板への投稿とYahoo！掲示板への投稿を収集し、Yahoo！掲示板の投稿（5,163件／一日あたりの最大書き込み件数400件超）に対して内容分析を行っています。この問題についての意見が述べられている書き込みは52.8%で、そのうち東芝に対して批判的な意見は43.1%、特に週刊誌での報道、仮処分申請、東芝副社長の謝罪会見のタイミングで事態が進展した時に批判的意見が集中していたと報告しています。ただし、批判的意見といっても、非常に感情的な発言と解釈できる投稿はわずか4.0%で、冷静な発言が85.0%と大半を占めていたとも分析しています。

東芝クレーマー事件には、現在の炎上とかなり様相が異なる面もあります。掲示板で議論が盛り上がっていたと言われていますが、最近の炎上のように数万、数十万件投稿されたわけでもありません。ですが、マスメディアの報道が、ネットでの意見の盛り上がりに影響していることがこの時点で確認されている点は興味深いと言えます。

B.「炎上」と名付けられた時期（2005年～2009年）
——ホットドッグ店アルバイト炎上（2005年）

第1章で紹介したように、2005年1月に朝日新聞記者のブログに批判的なコメントが多数投稿されたことを評論家の山本一郎が「炎上」と表現したことで、ネットで不特定多数から批判を受けることが炎上と呼ばれるようになっていきます（伊地知, 2007）。同年8月に、コミックマーケットに出店していたホットドッグ店のアルバイトが、コミックマーケット参加者の様子を撮影して、中傷するようなコメントとともに自分のブログに投稿したことから炎上しました。批判はホットドッグ店を出店した企業にも寄せられ、企業は自社サイトで謝罪リリースを出しました。アルバイトは退職し、同社はこの年以降、コミックマーケットへの出店を取りやめています。いわゆるバイトテロ型の炎上としては国内初の事例と言えます。

この事例の経緯をまとめたのが**表2-3**です。この時期の炎上の特徴は、ブログやmixiへの投稿が2ちゃんねるに転載され、それが多くのユーザーに批判されることで炎上が成立することです。ブログの投稿から2日後に2ちゃんねるで最初のスレッドが立っていますが、もしスレッドが立てられなければ、さらにそのスレッドに別のユーザーからの投稿がつかずそのまま消えていれば、特に注目を集めることはなかったと考えられます。

表 2–3　ホットドッグ店アルバイト炎上（2005 年）
（晋遊舎ムック，2006：荻上，2007 より筆者作成）

日付	内容
2005/8/13	学生アルバイトが写真とコメントをブログに投稿
2005/8/15	2 ちゃんねるのニュース速報板に最初のスレッドが立つ
2005/8/16/朝	該当記事が削除される
2005/8/16/夜	ブログ自体が削除 ホットドッグ店公式サイトで、事実関係を調査中というコメントが公開される
2005/8/23	ホットドッグ店公式サイトで、謝罪リリースが公開される Itmedia ニュース、毎日インタラクティブ等ネットニュースで記事化され、各ポータルサイトニュースに配信される。

もともとそのブログには、本名や在学中の大学、友人関係などの個人情報が記載されていたため、それらの情報は広く 2 ちゃんねるなどで共有されました。その結果、ホットドック店を運営する企業にも相当数問い合わせが行われ、2 ちゃんねるでスレッドが立った翌日の夜に企業からコメントが発表されたものと考えられます。

この事例を東芝クレーマー事件と比べると、出来事の流れが格段に早くなっていることがわかります。東芝クレーマー事件では、A 氏が自身のホームページで音声ファイルなどを公開した 1 ヶ月後、顧客窓口に 1,000 件以上の問い合わせがあり、週刊誌でも報道された段階で、ようやく企業側が対応をとっています。それに対してこの事例では、2 ちゃんねるにスレッドが立った翌日に企業がコメントを発表し、事実確認を挟んで一週間後に謝罪リリースを公表しています。この事例がマスメディアのニュースで取り上げられたかどうかは確認できませんでしたが、謝罪リリースが公表された直後にネットニュースでも報道されています。

また、炎上の発端となった行動が容易になっているのも注目したいところです。東芝クレーマー事件の場合は、A氏が自分でホームページを作り、録音した通話をWebブラウザでも聴けるように変換して公開していました。ホームページを作るにしても、音声データの変換にしても、それなりに知識と試行錯誤が必要なことです。一方、この事例では携帯電話で撮影した画像をブログで公開したことから発しています。携帯電話で写真を撮り、画像をブログの編集画面から選択すれば投稿できるわけですから、炎上の発端となるコンテンツを作成する手間や、必要な技術的リテラシーのハードルが格段に下がっていると言えます。この後、mixiなどのSNS、TwitterなどソーシャルメディアのCNの多くが携帯電話やスマートフォンに対応し、炎上の発端となるような投稿がしやすく、またそうした投稿に対する批判もしやすくなる環境が形成されていくことになります。

C. Twitter普及以降（2010年～）——UCC上島珈琲炎上（2010年）

2010年2月5日、UCC上島珈琲がTwitterで自動投稿によるキャンペーンの告知を行い、スパムだとして非難する投稿が相次ぎ炎上に至りました〔表2-4〕。小林（2011）によれば、自動投稿が始まって1時間後の11時台に、このキャンペーンの告知は問題だと指摘する投稿15件がハッシュタグ「#UCC」に投稿されています。これを受けて、11時45分に自動投稿は停止されましたが、12時台は396件、13時台は2,164件、14時台は1,006件、このキャンペーン告知に対する意見がTwitterに投稿されています。そのため、同社は15時20分に謝罪リリースを公開しました。

この事例は、UCC上島珈琲の対応の早さが賞賛され、大事には至らなかったものです。謝罪リリースが公開された15時台は2,157件、16時台は1,461件と再び投稿は増加していますが、批判ではなく、対応の早さに驚きと賞賛を示すものが中心でした。小林（2011）は同社への取材をもとに、食中毒や異物混入などの不祥事に備えて、夕方のニュースに間に合うよう対

表 2-4　UCC 上島珈琲炎上（2010 年）
（小林，2011 より筆者作成）

時刻	内容
10：00	キャンペーンの告知メッセージの自動投稿開始
11：30	関連会社の Twitter 担当者や取引先から、Twitter ユーザーの反応を心配する声がグループ EC 推進室へ寄せられる
11：40	同社 CIO（最高情報責任者）に報告
11：45	自動投稿停止
13：00	同社社長に報告。謝罪リリースを出すよう指示が出る
13：19	日経マーケティング記者だった小林が同社広報部に問い合わせ
15：20	謝罪リリースを公開
17：00	日経ネットマーケティング（ネットニュース）で記事公開（「Twitter マーケティングで炎上、UCC 上島珈琲が謝罪へ」）

応するための危機管理広報体制を以前から整えていたことが奏功したと評価しています。

Twitter では、人の興味を惹くような投稿がされれば、リツイートで急速に拡散されます。投稿が批判的なものであれば、リツイートを目にしたユーザーが再度リツイートすることで、そのまま炎上につながっていく可能性があります。2 ちゃんねるを軸とした炎上と異なり、他のネットサービスから炎上しそうな投稿をタイミングよく転載する一種の職人芸が必要ないことが、Twitter 発の炎上の特徴と言えます。

さらに、ネットニュースやマスメディアも情報収集や告知のため日頃から Twitter を利用しており、炎上が記者や編集者に察知されやすく、ニュースバリューがあると判断されれば、すぐに取材が入ることになります。キャンペーンの告知方法が問題ではないかと指摘があってから、2 時間も経っていないタイミングで、ネットニュースから問い合わせが入るという速さは、Twitter 以降の炎上の特徴だと考えられます。

上記３つの炎上を比較すると、炎上の発生から、炎上の対象となった企業の反応、ネットニュースやマスメディアでの記事化、収束までのサイクルが速くなっていると言えます。(1) の東芝クレーマー事件では発端となったＡ氏のホームページの開設から週刊誌の報道まで１ヶ月、報道からＡ氏と東芝副社長との面会まで２週間かかっているのに対して、(2) のホットドッグ店アルバイトの事例では炎上し始めてからアルバイト先の企業が反応するまで１日、謝罪リリースを出すまで１週間、(3) の UCC 上島珈琲の事例では、炎上し始めてから謝罪リリースを出すまで数時間となっています。

対応のサイクルが早くなった理由として、東芝クレーマー事件が起きた 1999 年よりも、ソーシャルメディアの利用者数が大幅に増え、ソーシャルメディアの社会的影響力が増大したことが挙げられます。さらに、ネット上で企業が抗議を受ける事例が増え、早期に対応を取らなければ批判が拡大してダメージが大きくなってしまうことが知られるようになったこともあるでしょう。

現在は、UCC 上島珈琲の事例の頃よりも、ネットメディアが多様化し、テレビなどマスメディアもネットで話題になっていることを取り上げやすくなっています。こうしたメディア報道が炎上に関する投稿にどう影響を与えるのか、**第３章**では Twitter への投稿データをもとに見ていきます。

3. 炎上の発生・拡大に関わるメディアの特徴

では、現在では炎上はどのように広がっているのでしょうか。炎上には

（A）炎上の起点、（B）ソーシャルメディア、（C）ネットメディア、（D）マスメディアの４者が関わっていると言えます〔図 **2-2**〕。（A）炎上の起点となる出来事に対して（B）ソーシャルメディアでの批判が広がり、（C）ネットメディアの報道や（D）マスメディアの報道で、さらに批判が広がっていると考えられます。以下、それぞれのメディアがどのような役割を果たしているのか見てみましょう。

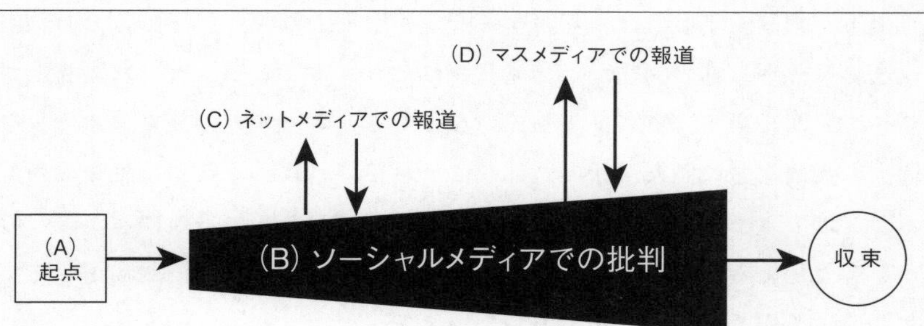

図 2-2　炎上をめぐるメディアの関係

A．炎上の起点

芸能人など著名人の場合はマスメディアでの言動から炎上することもありますが〈4〉、一般人の場合、炎上の発端はソーシャルメディアへの投稿からです（p.32, **コラム 1**）。ソーシャルメディアの例としては、ブログや Twitter、ニコニコ動画、YouTube、Instagram、TikTok、NewsPicks などさまざまなものが挙げられます。mixi が流行するようになれば mixi から、ニコニコ動画が流行ればニコニコ動画からという具合に、新しいサービスがある程度広く利用されるようになると、そこから炎上が生じます。既に知っている人とやりとりすることが多い SNS やメッセンジャーだと炎上しにく

〈4〉2008 年に倖田來未がラジオで「35 歳になると羊水が腐ってくる」と発言して批判された事例や、2020 年に岡村隆史が新型コロナウイルスに関連したラジオでの発言で批判された事例がある。

い傾向はありますが、スクリーンショットなどをTwitterなど人目につきやすいところに転載されて炎上することはあります（p.33，**コラム1**）。最近では、投稿から24時間で消えるため、炎上しにくいはずのInstagramの「ストーリーズ」への投稿が録画・転載され、炎上した例もあります。

ただし、不特定多数に公開されているサービスでも、匿名でその場限りの投稿をしていれば、投稿をその場で批判する以上のことはできないため、炎上には至りません。逆に言えば、ブログやTwitterなど特定のサービスから炎上が起きやすいのは、そのユーザーの過去の投稿がたどれるために、過去の投稿から別の問題が「発見」されたりすることで、批判が盛り上がりやすいからです。実名を出していなくても、ユーザーのプロフィールや過去の投稿などに個人情報の一部が含まれていれば、そこから誰なのか辿ることはできます。そうなってくると、話題になっている投稿者が誰なのかを突き止めること自体が一種のゲームになってしまい、推測が正しくても間違っていても盛り上がってしまいます。

企業や自治体の場合は、ソーシャルメディアの公式アカウントの投稿から炎上することもありますが、それよりも広告やウェブ動画、ポスターなどのマーケティング・コミュニケーション、製品やサービスの不具合等、不適切な企業活動が、消費者に「発見」されて、批判されるというパターンが目立ちます。過去の不適切な活動が掘り起こされると、炎上がさらに広がっていくのは一般人の炎上事例と同様です。

B．ソーシャルメディア——2ちゃんねるとTwitter

田中辰雄（2016a）は、ウェブモニタ調査（2016年6月実施、予備調査n＝4万504、本調査n＝960）を行い、炎上攻撃者（炎上事例に対して批判的な投稿をした者）277名に投稿先を訊ねたところ、もっとも多かったのが2ちゃんねるなどの掲示板（128名）、次いでTwitter（126名）、ネットニュースのコメント欄（72 名）だったと報告しています。2 ちゃんねるなどの掲示板、Twitter に炎上について投稿する人が多いようです。

2 ちゃんねると Twitter にはいくつか共通点があります。第一の共通点は、アクティブ・ユーザーが多いことです。「2 ちゃんねる定点観測」（http://merge.geo.jp/）のデータでは、2 ちゃんねるの一日あたりの投稿数の中央値は表 **2-1**（p.41）で示した②の時期以降、200 万～250 万超で推移しています。

Twitter の国内利用者については、2010 年 8 月に 1,000 万人を突破したと言われています（斎藤，2010）。Twitter 日本法人は、2015 年 12 月時点で国内月間アクティブ・ユーザーが 3,500 万人を突破し、2016 年 9 月時点で 4,000 万人〈5〉と発表しています。2018 年に行われた調査〔表 **2-5**〕では、もっとも利用率が高いのは LINE、次いで Twitter となっていますが、2 ちゃんねるなどの掲示板も 24.5％と決して少なくはない人が利用しています（総務省，2018）。

第二の共通点は、両者ともに「盛り上がり」に居合わせやすい構造を持っていることです。濱野智史（2008）は、ユーザーが共有する「時間」のあり方に着目して各ソーシャルメディアの特性を論じた中で、Twitter は、チャットのようにずっと画面に張り付いていなくても、盛り上がりに参加しやすい性質を持つと評価し、Twitter 独特の時間共有のあり方を「選択的同期」と名付けています。その後、Twitter で話題になっているキーワードをリアルタイムで表示する「トレンド」機能が追加され、「今、話題になっていること」がよりユーザーの目に触れやすくなっています。2 ちゃんねるも、投稿があったスレッドをページトップに表示するスレッドフロート型掲示板なので、今現在盛り上がっているスレッドを把握しやすい仕組みになっています。

両者とも、ユーザー数が多いだけでなく、不特定多数のユーザーの間で盛り上がっている話題をリアルタイムで把握しやすい特性を持つと言うこ

〈5〉 https://twitter.com/TwitterJP/status/793649186935742465

表 2-5　ソーシャルメディアの国内利用率（2018 年）
（総務省，2018 より筆者作成）

	投稿者・閲覧者					
	自ら情報発信や発言を積極的に行っている	自ら情報発信や発言することよりも他人の書き込みや発言等を閲覧することの方が多い	ほとんど情報発信や発言をせず、他人の書き込みや発言等の閲覧しか行わない	投稿・閲覧者計	ほとんど利用していない	まったく利用していない
Facebook	5.3%	8.4%	17.3%	31.0%	10.2%	58.9%
Twitter	7.7%	8.8%	16.7%	33.2%	7.2%	59.7%
Instagram	3.9%	6.9%	12.0%	22.8%	5.3%	71.8%
LINE	17.0%	15.4%	16.3%	48.7%	9.4%	41.8%
ブログ	4.6%	5.4%	17.8%	27.8%	6.6%	65.6%
掲示板（2 ちゃんねるなど）	0.4%	9.2%	14.9%	24.5%	8.4%	71.6%

＊2018 年 2〜3 月実施。20 代〜70 代の男女に対し、性年代区分ごとに 100 名ずつ回収した調査で、人口構成比を反映していない。

とができます。だからこそ、一つの話題に対して、一晩で数千、数万の投稿が行われるのです。

一方、2 ちゃんねると Twitter には異なる点もあります。1 つ目は、2 ちゃんねるは Twitter よりも匿名性が高いということです。2 ちゃんねるの投稿は基本的には書き捨ての匿名型〈6〉で、Twitter は実名でなくても、アカウントを見れば過去の投稿や、つながっている他のユーザーなどを辿ることができる「顕名」（東，2003）型となっています。ロズナー（Rösner, L.）とクラマー（Krämer, N. C.）は、攻撃的な投稿がされやすい条件を調べる実験を行い、攻撃的な投稿がされるかどうかは、匿名であるか否かではなく、先に攻撃的な投稿があるか否かに左右され、匿名であるとそうでない時よりも攻撃的な投稿が新たな攻撃的な投稿を誘発する効果が高まると報告しています

〈6〉ただし、2 ちゃんねるに投稿する際に IP アドレスは保存されているので、完全な匿名とは言えない。掲示板によっては、IP アドレスをコード化した ID（0 時で切り替えられる）も表示される。また、パスワードを使って固定されたハンドルネーム（固定 HN）で投稿することもできる。

(Rösner & Krämer, 2016)。匿名だから攻撃的な投稿が多くなるとは言えないのですが、攻撃的な投稿が既にある程度行われている状況では、Twitter よりも２ちゃんねるの方がより攻撃的な投稿が行われやすいと考えられます。

２つ目の違いは、２ちゃんねるは、読み手が見たいものをその都度選択するプル型メディアであるのに対して、Twitter はプッシュ型メディアとしての性質を持つことです（勝間・広瀬, 2009）。Twitter の場合、どのアカウントをフォローするかは選択できますが、実際にどのような情報が流れてくるかは選択できません。２ちゃんねるで炎上に関連した情報を見るのは、自らクリックしたユーザーだけですが、Twitter の場合は、炎上に関心を持たないユーザーであっても、フォロー先から炎上に関連した情報が流れてくることがあります。そのため、Twitter で炎上が盛り上がると、２ちゃんねるよりも多様なユーザーが炎上に関する情報に接し、より多様な反応が起きると考えられます。

３つ目の違いは、Twitter はパブリックな情報発信の場としても利用されていますが、２ちゃんねるはそうではないという点です。首相官邸が 2011 年に公式アカウントを開設するなど、企業やマスメディア、自治体などの公的機関、政治家、著名人などが情報発信に利用しています。Twitter に投稿された意見や質問をリアルタイムで紹介するテレビ番組もたくさんあります。2019 年には、Twitter でトランプ大統領（当時）が批判者をブロックするのは違憲だという判決を連邦控訴裁判所が出しています。トランプ大統領（当時）の投稿はパブリックな情報なので、アクセスを妨げてはならないということです。

一方で、２ちゃんねるは西鉄バスジャック事件〈7〉(2000 年）の犯行予告に使われるなど「無法地帯」というイメージがあり、「便所の落書き」と表現されたこともあります（三上, 2000）。Twitter が持つ公的な情報の場という性質は２ちゃんねるにはないと言えます。２ちゃんねるで盛り上がってい

〈7〉2000 年に起きた高速バスジャック事件（死者１名、負傷者２名）。犯人が２ちゃんねるに犯行予告をしていたと広く報道され、２ちゃんねるが知られるきっかけになった。この事件の後、２ちゃんねるに犯罪予告が相次ぐようになり、2003 年から投稿者の IP アドレスをすべて保存する仕様に変更された。

ることを、テレビや新聞など「社会の公器」として扱われているメディアがいきなり取り上げるのは特殊な企画でないと難しいですが、Twitterで盛り上がっている話題であれば、テレビや新聞でも取り上げやすいと考えられます。

4つ目の相違点は、Twitterには2ちゃんねるよりも複雑なコミュニケーション機能があり、情報の拡散が速いことです。2ちゃんねるにも同じスレッドの中で他の投稿に返信をつける機能はありますが、Twitterには特定の投稿に返信するリプライと、他のユーザーの発言を転載して自分のフォロワーに流すリツイートという機能があります。リプライは元になった投稿を起点として一覧表示され、投稿が公開されていれば、他のユーザーやTwitterを使っていない人でも、閲覧することができます。また、タグ（キーワード）をつけて投稿することで、同じ話題に関する投稿を検索しやすくする「ハッシュタグ〈8〉」機能で、興味関心が近い投稿を探しやすくなっています。

炎上において、これらのTwitterの機能はどのように利用されているのか、ネットニュースやマスメディアへの言及とともに、**第3章**では炎上事例に関するTwitterの投稿データから検討します。

C. ネットメディア――まとめサイトとネットニュース

国内では主に2ちゃんねるとTwitterが炎上の中心となっています。ですが、炎上が進むにつれて、炎上した経緯や、暴露された個人情報、発掘された不適切な言動、抗議に対する反応などが共有しきれなくなるという問題が出てきます。Twitterは日本語では140文字までの字数制限があり、2ちゃんねるも1,001件以降は同じスレッドに投稿できなくなるため、複雑な情報を共有するには向いていません。情報を蓄積し、ソーシャルメディアユーザー以外にも炎上事例に関する情報を伝播する役割を果たして

〈8〉「#炎上」のように、半角シャープを頭につけた文字列を投稿することで、キーワードやトピックとし、投稿を分類したり同じ語を含む投稿を検索しやすくする機能。ハッシュタグをフォローすることもできる。

いるのが、重要な投稿をまとめる「まとめサイト」とネットニュースです。

(1) まとめサイト——「まとめサイト」の商業化

まとめサイトとは、ソーシャルメディアの投稿を読みやすく整理して示すサイトを指します。ブログサービスなどを利用したいわゆる「2ちゃんねるまとめサイト」、Twitterへの投稿を取り込んで並べることができるTogetter（2009年開設：https://togetter.com/）、ウェブページやブログ、画像や動画等さまざまなソースを引用することができる「Naverまとめ」（2009年～2020年：https://matome.naver.jp/）などがあり、いずれも炎上に関連した情報がまとめられることがあります。特に、2ちゃんねるまとめサイトは炎上に対して大きな役割を果たしていると考えられます。

櫻庭太一（2014）は、2ちゃんねるまとめサイトを2種類に分類しています。一つは「従来型まとめサイト」と呼ばれる匿名のユーザーが投稿を整理・記録するものです。もっとも有名な事例は「電車男」（2004年）でしょう〈9〉。これは2ちゃんねるの「独身男性板」の恋愛相談スレッドをフリーのホームページサービスを使ってまとめたもので、その中でも「電車男」と名乗るユーザーの投稿が2ちゃんねる利用者以外にも話題になり、同年に小説として出版、後にドラマ化・映画化されました。櫻庭（2014）は、「従来型まとめサイト」は、そのスレッドに集うユーザーを読者として想定し、情報を整理し、読みやすくすることを目的として制作されており、コミュニティ活動を促進すると同時に、アーカイブとしての機能もあると指摘しています。炎上の場合は、経緯のまとめや炎上した者の個人情報、炎上したきっかけとなった言動の保存、問い合わせ先の情報、問い合わせの結果などがまとめられ、炎上への参加を促進する機能を持つと同時に、それらの情報をネットに残すことでまとめサイトの存在自体が炎上した者への制裁にもなっています。炎上に関しては、複数名が共同編集できるフリーの

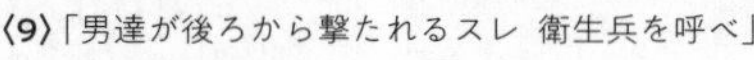

〈9〉「男達が後ろから撃たれるスレ 衛生兵を呼べ」
http://milkyway7075.g2.xrea.com/

wiki サービスが用いられることもあります。

もう一つは「ニュースブログ型まとめサイト」と呼ばれる、話題になったニュースなどへの２ちゃんねるの投稿を取捨選択し、ブログを利用してまとめたものです。ニュースブログ型まとめサイトには訪問者数が多いものもあり、ライブドアは2011年に同社のブログサービスを利用しているニュースブログ型まとめサイト「痛いニュース（ノ∀`）」（http://blog.livedoor.jp/dqnplus/）が月間１億アクセスを突破したと発表しています（ライブドア公式ブログ，2011）。

このタイプのまとめサイトは、従来型とは異なり、２ちゃんねる利用者の便宜を図るというよりは、２ちゃんねるの投稿を元に作成したコンテンツで広告収入を得るものです。２ちゃんねる利用者にとっては自分たちの投稿で勝手に金儲けをしているフリーライダーであり、まとめサイト運営者が自作自演を行った例もあることから、幾度かニュースブログ型まとめサイトを排除する動きが起こりました（柏原，2012）。柏原勤（2012）は、このタイプのまとめサイトにとって、炎上の話題は読者の関心を惹きやすいのでニュースバリューが高い可能性があると指摘しています。炎上を取り上げれば広告収入が得やすいということでもありますから、炎上とは言えないような揉め事も「炎上」としてまとめられることも起きるでしょう。

つまり、櫻庭（2014）の言う「従来型まとめサイト」は一種のボランティアとして他のユーザーのために作成されていたのが、「ニュースブログ型まとめサイト」では２ちゃんねるの投稿を勝手に商業化するようになったと言えます。「ニュースブログ型まとめサイト」が乱立した結果、わざわざ手間をかけて「従来型まとめサイト」を作成する人が減ってしまったのか、「従来型まとめサイト」は表 **2-1**（p.41）で示した③の時期以降、次第に見られなくなっています。「Naver まとめ」で炎上事例について関連情報がまとめられていることはありましたが、大規模な「従来型まとめサイト」は、

2011年のフジテレビ抗議デモに関するwiki（https://nomorefujitv.wiki.fc2.com/）あたりが最後かもしれません。

(2) ネットニュース――「ニュース」概念の変容

ネットニュースにもいくつかタイプがあります。まず、「NHK NEWS WEB」（https://www3.nhk.or.jp/news/）や「朝日新聞デジタル」（https://www.asahi.com/）、「文春オンライン」（https://bunshun.jp/）などテレビ局・新聞社・出版社など、マスメディアが運営するニュースサイトがあります。一方、「J-CAST ニュース」（p.72，**コラム2**）や「BuzzFeed Japan」（https://www.buzzfeed.com/jp）、「弁護士ドットコムニュース」（https://www.bengo4.com/topics/）など、独立系ネットニュースでは、マスメディアと比べると圧倒的に少ない人数でオリジナル記事を日々制作していく必要があります。また、メディア各社から受けた記事を配信するポータルサイト「Yahoo！ニュース」（https://news.yahoo.co.jp/）や「livedoor ニュース」（https://news.livedoor.com/）、「Smart News」などニュースアプリも重要なプレーヤーです。

ネットニュースサイトには、「NHK NEWS WEB」のように非営利のものや、新聞社・出版社が運営する有償のサイトもありますが、多くは閲覧を無料とし広告収入で運営されています。そのため、低コストで人目を惹く記事を配信し続けなければなりません。

従来のマスメディアとは異なり、ネットニュースではどの記事が読まれ、どの記事が読まれなかったのか瞬時に把握することができます。読売新聞記者からヤフー・トピックスの編集長となった奥村倫弘（2010）は、ヤフー・トピックスではハードニュースの閲覧率が低いことを紹介しています。2008年にコソボ自治州が独立した時、世界史に残るような出来事ですから、全国日刊紙では一面トップの大きな記事となり、ヤフー・トピックスでも取り上げたのですが、アクセスシェアは詳報が出た次の日を合わ

せても2%しかなかったそうです。読まれていないということは存在しなかったのと変わらないので、編集部では「コソボは独立しなかった」と表現していたそうです。

奥村（2010）は、ネットニュースサイトではハードニュースが読まれにくいだけでなく、話題になった芸能人のソーシャルメディアへの投稿や、面白画像・面白動画の紹介記事が「ニュース」として扱われることが増え、ニュースという概念そのものが変質し、以前よりもゆるい概念になっていると指摘しています。鈴木規史（2018）は、代表的な独立系ネットニュースサイトである「J-CAST ニュース」と、朝日新聞・読売新聞の一面の記事を比較し、「J-CAST ニュース」では、①芸能ニュースの比率が高い、②取材した独自記事の比率が低い、③ネットの投稿をまとめた記事の比率が8割を越えている等、大きな違いがあると報告しています。

ソーシャルメディアで盛り上がっている話題を取り上げる記事は、取材コストが低く、人の関心を惹く可能性が高いため、特に独立系ニュースサイトでよく制作されています。独立系ネットニュースの中でも、事実確認を行い、専門家のコメントを取るなど付加情報を足して記事とするマスメディアのやり方に比較的近い媒体と、ほぼファクトチェックなしにネットの投稿を並べて紹介するだけのまとめサイトに近い媒体があります。

これらのメディアは、ニュースブログ型2ちゃんねるまとめサイトと同じく、炎上をコンテンツとして消費することを促進すると考えられます。スポーツ紙のオンライン版などによくありますが、芸能人のソーシャルメディアの投稿にネガティブなコメントが数十件ついた程度で「炎上」として報じることもしばしば見受けられます。

たとえば、2020年のGW前に、TVアニメ「サザエさん」で一家が伊豆へ遊びに出かける場面がTwitterで炎上したという報道が、放映された日の夜に「デイリースポーツ」（https://www.daily.co.jp/）に出ていました〈10〉。こ

〈10〉「『サザエさん』がまさかの“炎上”実社会がコロナ禍の中でGWのレジャーは不謹慎と」（https://www.daily.co.jp/gossip/2020/04/26/0013300127.shtml）。その後、記事タイトルを「『サザエさん』実社会がコロナ禍の中でGWのレジャーは不謹慎との声も」と修正。

の記事に対して、鳥海不二夫（2020）は、Twitterの投稿データをもとに、この回の「サザエさん」はTwitterで話題になっていたものの、記事中で引用されているような投稿は存在せず、「デイリースポーツ」の記事が配信される前に「不謹慎」と批判している投稿はリツイートも含めて11件しかなかったと指摘しています。

これらのネットメディアの多くには、ソーシャルボタンが設置されています〈11〉。ソーシャルボタンとは、TwitterやFacebookのアカウントを持っている人がクリックすると、そのページのタイトルとURLを含んだ投稿が簡単にできるもので、ネットニュースやブログ、オンラインショッピングサイトなどで広く利用されています。まとめサイトやネットニュースで炎上に関連した情報を見て興味を惹かれた人が、手軽に拡散しやすくなっているのです。

ネットメディアは、①ソーシャルメディアでの批判の盛り上がりに含まれるノイズを整理して状況を見通しやすくし、②ソーシャルメディアでは批判に接していなかった人にも炎上に関する情報を伝播し、③新たなソーシャルメディアへの投稿を促すことによって、結果的に炎上の社会的影響力を増大させていると言えます。それだけでなく、炎上しているとは言えない状態であっても、恣意的に「ネットの声」を編集することで、炎上を作り出してしまうこともあります。

D. マスメディア——マスメディアはどう炎上を報じてきたか

この章の冒頭で、炎上に関する投稿はテレビなどマスメディアでの報道の直後がもっとも多いという報告を紹介しました（河島, 2014；藤代, 2016）。東芝クレーマー事件（1999年）に関する掲示板への投稿でも、週刊誌での報道があった直後に東芝側を批判する投稿の比率が増えるなど、マスメディア報道の影響があったとされています（三上, 2001）。マスメディアで

〈11〉ソーシャルボタンは2010年にFacebookとTwitter公式で実装された。Facebookはサービス開始から24時間で10億回クリックされたと発表している（Siegler, 2010）。

の報道が、炎上に関連した投稿を増やす最大のトリガーであり、報道のトーンによっては批判を拡大している可能性もあります。

炎上がマスメディアでどう取り上げられているかを調べるために、2004年度から2014年度までの地上波テレビの番組データ〈12〉・新聞（朝日新聞・読売新聞）・雑誌（大宅壮一文庫データベース収載）のデータを整理したことがあります（吉野, 2016）。テレビ・新聞・雑誌いずれも最初に炎上が取り上げられたのは2006年でした。ただし、メディアによって取り上げる内容はかなり違いました〔表**2-6**〕。

表 2-6　炎上に関するメディア別の報道内容（2004~2014年度）

	炎上事例の報道							解説・対策	件数
	個人				組織		海外事例		
	芸能人	政治家	文化人ほか	一般人	企業	政府・自治体			
テレビ	46.9%	21.3%	5.0%	2.0%	5.0%	0.6%	4.1%	15.2%	343
朝日新聞	4.2%	6.3%	5.3%	6.3%	7.4%	4.2%	1.1%	65.3%	95
読売新聞	17.5%	0.0%	1.3%	7.5%	3.8%	0.0%	2.5%	67.5%	80
雑誌	17.5%	5.9%	12.1%	12.8%	21.2%	5.6%	4.8%	20.0%	749

テレビの場合は、炎上を取り上げた番組全343件のうち、スマイリーキクチ中傷被害事件が起きた2008年度が82件、バイトテロが頻発した2013年度が156件と集中していました。ニュース・情報番組で161件、バラエティ番組で89件取り上げられており、ニュース・情報番組では「事件の報道」に準じて報道され、バラエティ番組では芸人など炎上した本人が一種の持ちネタとして面白おかしく語ることが多かったようです〈13〉。

新聞の場合も2008年度、2013年度の記事が多いのが目立ちました。朝

〈12〉株式会社エム・データの提供による。

〈13〉たとえば、「ダウンタウンのガキの使いやあらへんで！！」（NTV 2015/1/11）では、「鈴木拓が行きつけの東京上野【店舗】釣り具屋「サンスイ」を訪問。（略）ツイッターの炎上についてトーク。」（9分42秒）といった番組データが確認できる。

日新聞は全95件のうち2008年度が10件、2013年度が22件、読売新聞は全80件のうち2008年度が21件、2013年度が18件となっています。両紙に共通するのは、炎上事例の個別的な報道よりも、炎上という現象に関する解説や、ソーシャルメディア・リテラシー啓発などネットトラブルへの対策を報じる中で炎上に触れたものが多いことです。

雑誌も全749件のうち2013年度が172件と目立ちますが、2006年度33件、2007年度60件、2008年度60件、2009年度70件と、**表2-1**（p.41）の②にあたる時期から炎上に関する記事が週刊誌を中心にかなり掲載されています。内容を見ると、一般人の炎上事例を報じたものが他のメディアより多いのが目立ちます。バイトテロに関する報道でも、週刊誌では炎上した人のその後を追った記事（p.7, **第1章 注6**）など、テレビや新聞にはない独自の切り口のものもありました。

マスメディアの炎上報道を俯瞰してみると、だいたい３つのパターンに分けられます。

①炎上した芸能人のネタ（テレビのバラエティ番組）
②抽象的な報道や解説（テレビのニュース番組、新聞での報道）
③具体的な報道や解説（雑誌など）

②と③を分けているのは、テレビのニュース番組や新聞では、かなり簡潔に事実関係をまとめて報じられることが多いのに対して、雑誌では炎上の発端や、どういう批判が寄せられたのか詳細が報道されることが多いためです。抽象的な報道では、多くの場合「誰かが不適切なことをして／ネットで批判され／処罰を受けた」ことだけで、誰がどういう批判をしたのかはほぼ報じられません。雑誌やネットニュースの場合は、前後の経緯や、どういう批判がされたかなど、もっと具体的に報じられる傾向があります。

2ちゃんねるやTwitterで炎上している様子を見ると、理不尽な罵倒もそれなりにあります。そこまで批判されることなのかなと思うこともしばしばあります。抽象的な報道だけを見ると、批判に正当性がどれだけあるのか判断できず、「誰かが悪いことをして、批判された」としかわかりません。特にテレビのニュース番組で取り上げられる時は、犯罪や事故の報道のようにニュースキャスターが笑顔を見せずに伝えます。その結果、炎上した者を非難する態度が形成されやすくなる可能性があります。

4. 炎上の認知経路は炎上への態度に影響するのか

炎上に関する報道を見ていくと、炎上があったことをさまざまな媒体がとりあげているだけでなく、媒体によってそれぞれ異なる文脈の中で報じられていると言えそうです。炎上を何の媒体（メディア）で見たかによって、炎上した者への態度や炎上への評価が影響されるということもあるかもしれません。本当に影響があるかどうかを確かめるために、2015年8月にウェブモニタ調査（n＝945）〈14〉を行いました。以下、その結果を見てみましょう。

A．炎上の認知経路と炎上への態度

「ネット上で批判が殺到し、騒ぎになる現象を炎上と呼ぶことがあります。炎上について見聞きされたことがあるものをお選びください」（複数回答）という設問に対して、何らかの経路で認知している者は792名（83.8％）とな

〈14〉調査は株式会社ジャストシステムのネットアンケートサービス「FastAsk」を利用し、20歳以上のモニタを対象として、2010年の国勢調査に基づいて性別・年代の割付を行い、1,118名の回答を得た。回答の正確性が疑われるモニタ173名を除外し、945名分を分析の対象とした。調査方法の性質上、全員が習熟したネット利用者であることに注意。

りました〔図 **2-3**〕。「テレビのバラエティ番組」が最多の 476 名（全体に対して 50.4%）、次いで「ネットニュース」の 304 名（同 32.2%）となっています。

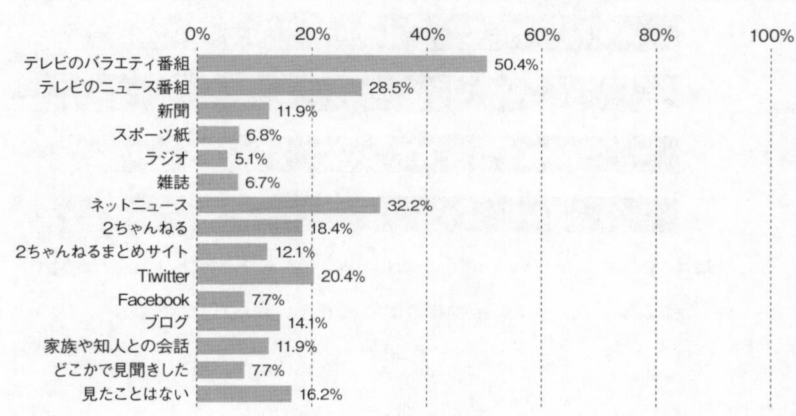

図 2–3　炎上の認知経路（n=945）

第1章でも触れましたが、批判が行われる Twitter や２ちゃんねるよりも、テレビで知った人、ネットニュースで知った人が多いという結果になりました。

続いて、炎上への態度です。炎上した者を非難しているかどうかを知るため、炎上した者を、「一般人」「政治家」「芸能人と有名人」「企業」に分け、それぞれについて「政治家が炎上するのは常識がないからだ」といった設問を設定し、そう思うかどうかを５件法で訊ねた結果が図 **2-4** です。「とてもそう思う」「そう思う」を合わせて見てみると、政治家に対する視線が厳しく、それ以外はだいたい横並びという結果になりました。「どちらとも言えない」を選択している人は、特に意見がない場合も、事例によって違うので一概には言えないと感じている人も含まれているかと思います。

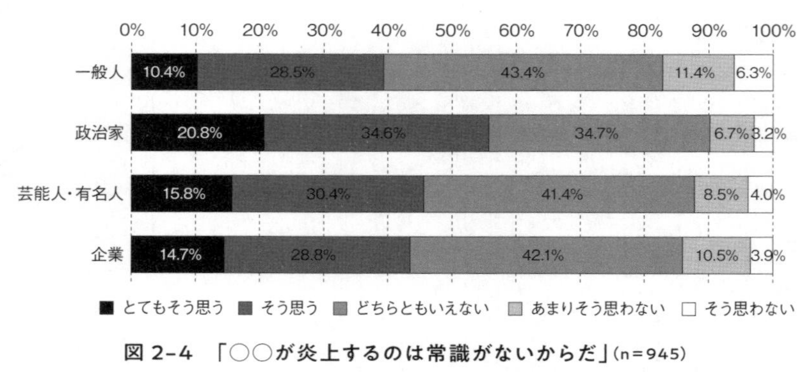

図 2–4 「○○が炎上するのは常識がないからだ」(n=945)

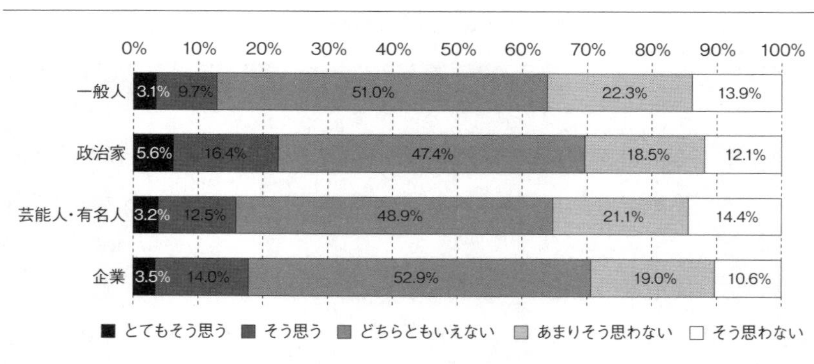

図 2–5 「○○の炎上には社会正義として意味がある」(n=945)

続いて、炎上を肯定しているかどうかを知るために、同じく対象別に「炎上には社会正義として意味がある」という設問を設定しました。回答が図

2-5 です。こちらでも政治家への視線は他の対象よりも厳しい結果になりました。

厳しく見られがちな政治家を除くと、だいたい４割前後の人が炎上した人が悪いと思っている一方、３割以上の人が炎上は社会正義とは言えないと感じているという結果になりました。

B．炎上に対する態度への認知経路の効果

では、炎上を見たメディア（媒体）によって、炎上に対する態度は異なるのでしょうか。性別・年齢・学歴・世帯年収・テレビ接触時間・ネット接触時間を加味して、テレビのバラエティ番組・テレビのニュース番組・ネットニュース・Twitter・２ちゃんねるといった、それぞれのメディアでの炎上の認知が、炎上した者を非難する態度（「炎上するのは常識がないからだ」）や、炎上を社会正義として肯定する態度（「炎上には社会正義として意味がある」）に影響しているかどうかを分析した結果が、表 **2-7** です。

表 2-7　炎上に関する態度形成と炎上認知経路

	炎上するのは常識がないからだ	炎上には社会正義として意味がある
テレビのバラエティ番組		
テレビのニュース番組	+	
ネットニュース		− −
Twitter		(−)
２ちゃんねる		

＊記号２つは１%有意、記号１つは５%有意、（　）は 10%有意。分析の詳細は吉野（2018）参照。

＋は、そのメディアで炎上を認知したと答えている人は、そうでない人

よりも設問に肯定的に答える傾向があると統計学的に言えるという印です。－は、そのメディアで炎上を認知している人はそうでない人よりも否定的な傾向があるという印です。

テレビのニュース番組で炎上を認知したことがある人はそうでない人よりも、炎上した人を常識がないと非難する回答をする傾向があります。これは先に説明したニュース番組での報じられ方からするとわかりやすい結果です。一方、ネットニュースで認知したことがある人はそうでない人よりも、炎上には社会正義としての意味はないと答えている結果になりました。これは炎上の具体的な経緯を俯瞰的に把握しているので、炎上で起きるバッシングにむしろ引いている人が多いのではないかと推測できます。ネットニュースよりは影響は弱いですが、Twitterで認知した人も同様の傾向があります。Twitterでは特に興味がない人にも炎上の話題が流れてくることがありますから、同じように批判する側の投稿に引いて見ている人が多いのかもしれません。

また、図**2–3**（p.65）でみたように炎上を認知した人が一番多かったテレビのバラエティ番組と、2ちゃんねるでは、炎上への態度形成に関してはどちらもはっきりした影響はありませんでした。テレビのバラエティ番組については、芸能人がネタとして喋ることが多いので、一般人には関係ない別世界のことと捉えられやすいのではと納得できます。2ちゃんねるでの認知がどちらにも影響していないというのは意外です。北田暁大（2005）は2ちゃんねる文化の背景にはアイロニカルな感性（メタ／ネタ）があると指摘していますが、こうした調査で訊ねられた時に、炎上した人を非難したり炎上は社会正義であると肯定したりするほど、炎上を真剣に捉えているユーザーは少ないのかもしれません。

5. 炎上は、ネットだけで起きているわけではない

この章では、まず炎上を生み出すメディア環境が変化していることを指摘し、炎上の変遷と炎上を発生・拡大するソーシャルメディア／ネットメディア／マスメディアの役割を整理した上で、どのメディアで認知したかが炎上への態度に影響していることを示しました。

炎上の発生件数は増加していますが、なぜ増えているかについては、この章でまとめた炎上と炎上をめぐる情報環境の変容によって説明できます。

まず1つ目は、単純に、ソーシャルメディアが発達し多様化したことです。より使いやすく、よりつながりやすいソーシャルメディアサービスが次々登場し、利用が活発になることによって、第三者の目から見れば不適切だと判断されるような投稿の数も増え、かつ、その投稿への批判の場も増えました。

炎上の誕生には2ちゃんねるが大きな役割を果たしていますが、一方で2ちゃんねるは「便所の落書き」とも評される特殊なサイトであり、2ちゃんねるの文化を好む人は限られます。これに対して2010年頃からTwitterでも炎上が起き、炎上の参加者がより多様になりました。さらに、Twitterは政府や企業も情報発信するパブリックな情報の場としても成長し、炎上についてマスメディアでも報じられやすくなったために、炎上の持つ社会的影響力が大きくなったと考えられます。

2つ目は、間メディア社会が進展したことです。ネットニュースやまとめサイトなどネットメディアが発展し、さらにソーシャルメディア／ネットメディアと、テレビなどのマスメディアとの関係が緊密になりました。

テレビ・新聞・週刊誌など異なる性質を持つマスメディアが、同じ話題を異なる角度から取り上げること自体は、ソーシャルメディアが発達する以前にもありましたが（川上ほか，2003）、マスメディアがソーシャルメディアの投稿を情報ソースとすることが増え、マスメディアの報道への反響がTwitterで可視化されやすくなったことで、メディアの共鳴構造がより複雑になっていると言えます。

こうした環境の中では、ソーシャルメディアのヘビーユーザーでなくとも炎上について見聞きする機会が増えます。炎上は、不適切な投稿など起点となる行為があったから発生するのではなく、特定の行為を誰かが批判し始め、その批判に不特定多数が同調することで発生します。現在のように多くの人が炎上について認知している環境では、炎上の起点となりうる投稿を目にした時、炎上が2ちゃんねるなどネットのごく一部で起きる現象だった頃よりも反応する可能性が高くなっていることも考えられます。

同時に、間メディア社会の進展は、炎上の影響力を増大させています。ネットニュースやマスメディアでも炎上したことが取り上げられれば、ソーシャルメディアのヘビーユーザーだけでなく多くの人の関心を惹きつけ、ソーシャルメディアでの投稿も増大します。それだけでなく、ウェブモニタ調査では、ニュース番組での報道を見聞きしている人はそうでない人よりも炎上した者を非難する態度が強いという結果が出ています。

炎上は、ネット上での現象だと思われがちです。ですが、マスメディアでの炎上に関する報道を見てみると、もはやネットだけの問題ではありません。①ソーシャルメディアによって潜在的なつながりが可視化され、対人ネットワークを通じた情報が速く広く伝わりやすくなったこと、②ネットメディアの発達だけでなく、③マスメディアがソーシャルメディアの盛り上がりを一種の民意として注視し、コンテンツとして取り込むようになったことによって、感情のゆらぎが増幅され、大きな波となるようになったと考えられます。

　では、ネットメディアやマスメディアの報道は実際にどのくらいソーシャルメディアの投稿に影響しているのでしょうか。**第3章**では、2つの炎上事例に関する Twitter の投稿データを元に見ていきます。

コラム2
J-CAST ニュースから見た炎上

第2章で説明したように、ネットニュースは炎上の拡大に大きな役割を果たしています。一方、ネットニュースの編集部から見て、炎上がどのようなコンテンツであるのか語られたことはほとんどありません。炎上を古くから報じている「J-CAST ニュース」(https://www.j-cast.com/) 竹内翔編集長（肩書は取材当時）に、お話を伺いました。

J-CAST ニュース（2006 年開設）
朝日新聞社出身の蜷川真夫が創刊した総合ニュースサイト型の老舗ネットニュース。「テレビウォッチ」「トレンド」など３つの専門チャンネルも展開している。月間 4,000 万 PV、月間ユニークユーザー 1,800 万人（2020 年２月）。大手ポータルサイト、ニュースアプリにも記事を配信している。

「好奇心に貴賤なし」

――本日はよろしくお願いいたします。J-CAST ニュースさんは、古くから炎上について報道されています。私も 2006 年くらいに J-CAST ニュースの記事で初めて炎上について知った記憶があります。なぜ炎上を取り上げていらっしゃるのでしょうか。

竹内　初代編集長の大森千明の時から、「好奇心に貴賤なし」という言い方を部内でよくしています。要するに、人間の興味関心には「偉い」とか「偉くない」とかいう違いはないということです。たとえば、政界や経済界の動向など天下国家のことを書くのが偉いというわけでもないし、芸能人のスキャンダルを扱うネタが劣っているということでもない。一般人も含めた炎上を取り上げているのも、そうした考え方がまず前提としてあります。

いわゆる炎上データベースみたいなものを作っているわけではありませんし、炎上案件だから取り上げているということもありません。結局のところ、掲載の可否は読者の好奇心に応えるに足るか、ニュースバリューがあるかどうかというところを起点に考えています。

たとえば、どういうトピックで炎上しているのか、炎上にどのくらい反響があるのか、あるいはそれを取り上げることによる社会的影響、そして他媒体の動き、(事例の)特異性だったりとか。そういったことをいろいろ総合的に考えて、読者にとってバリューのあることなのか、好奇心に応えるような内容になるのかということを編集部として判断して取り上げています。

——単にネットで揉めているというだけでなくて、ある程度、社会的な広がりがあり、公的な関心を呼びそうであれば取り上げるということでしょうか。

竹内　そういうところになるのかなと思います。もちろん、無名な人が起こした炎上であっても、いわゆるバカッター事件なんかは、社会問題化したということもございましたし、一般人の炎上だから取り上げないということもないんですけれども。

それは、炎上に限った話ではなくて、新商品が発表されたとか、こういう事件があったとか、こういう政策が発表されたという情報を取り上げるかどうかも、結局はニュースバリューがあるかどうかということになると思います。そういう意味では判断基準は、それほど変わらないかなと。

——そういった判断基準に対する感覚を磨くためにも、記事への反響の確認は欠かせないかと思うのですが、読者の反応はどういった媒体でご覧になっていますか？ Twitterでしょうか？ それとも、2ちゃんねるでしょうか？

竹内　創刊してからかなり長い間は、2ちゃんねるでした。私が2011年にジェイ・キャストに入社しまして、編集長は2018年からやっているんですけれど、たとえば2011年頃であれば、炎上の主要な舞台は2ちゃんねる、あるいはブログのコメント欄やmixiなどで、弊サイトの記事で「ネットユーザーの反響」というような書き方をする時には、2ちゃんねるなどこうした場での反響を意味していました。それが今は、Twitterでの反応をより見るようになったかなと思います。もちろん、それがすべてでもないですが。

——2011年頃に、ネットの反響を参照するといえば2ちゃんねるだったというのは、私としても感覚的に理解できます。いつぐらいからTwitterも参照するようになったのでしょうか？

竹内　私自身、駆け出しの記者だった2012年、13年ぐらいに炎上を扱った記事をよく書いていたんですけれど、その頃に「（ネットの世界が）やっぱり昔とは変わってきたね」っていう話をよくしていた記憶があります。

まさにバカッターみたいなもののはしりが、確かそのあたりから出てきていたかと思います。

——そうですね。2013年は、バイトテロがたくさん起きた年ですね。

竹内　バイトテロが出てきたあたりで、ネットユーザーの層が変わってきた、2ちゃんねるにいる人たちとは違う人たちがやってきたな、という印象がありました。当時取材した識者の方は、昔とは「世界が違う」という表現を使われていましたが、自分でも同じ感触でした。

ネットメディアの取材体制

——では、取材体制をおうかがいしたいのですが。

竹内　（株）ジェイ・キャストの中の「ニュース事業本部」といういわゆるメディア部門に、編集者、記者合わせて30人強ぐらいが在籍しています。

J-CASTニュースには、「チャンネル」と呼んでいる「テレビウォッチ」や「会社ウォッチ」などの姉妹サイトがあるのですが、その中の、「J-CASTニュース」と言っている本体のニュース部門が、編集者・記者合わせて十数人います。いずれも正社員で、そのうちの約半分弱ぐらいが新聞やスポーツ紙、雑誌や他メディアから転職してきた業界経験者です。そして、もう半分が新卒や、業界未経験から記者を始めたプロパーになります。私も大学を卒業してから、2011年に新卒で入社して、今に至るという経歴です。

——あ、そうなんですか？

竹内　（株）ジェイ・キャストでは毎年新卒を採用していて、ネットメディアでこの規模の会社としては、ちょっと珍しいんですけれど。そういう人も育ててと言うと変ですが、記者として経験を積みながら、働いていますね。

——独立系のネットメディアで、毎年新卒をとってらっしゃるというのは、少し驚きました。

竹内　ここ10年ちょっとはほぼ毎年採用していますね。ニュース部門では2007年頃から新卒採用が始まり、今年も昨日（取材当時）、何人か入社いたしました。

——じゃあ、「J-CASTニュース」本体だけで編集者・記者が十数人いらっしゃって、その方たちが日夜、記事ネタを探されているというわけですね。

竹内　そうですね。各自、それぞれの領分で。Twitterとか2ちゃんねる発のネタに限らず、ネットの読者の関心を惹きそうな話題を基本的には目視で探しています。

だいたい記者から提案をもらって、編集長、デスクがGoを出して記事化するという体制なんですが、記者がネタを見つけた時点で、これは取り上げるに足るかなという判断がありますし、編集の方でも、やるか／やらないか判断する仕組みをとっているんですね。

ですから、たとえ炎上の話題でも取り上げないものも結構あります。社会的な広がりが少ないんじゃないかというネタもありますし、火をつけて回っているのがごく一部で、声が大きい人たちが騒いでいるだけなんじゃないかという時には記事化を見送る場合もあります。後者の場合には、逆に、理不尽に炎上の被害にあっているという視点で記事を出すこともありますね。

——芸能人で，炎上タレント扱いされている方がいらっしゃるじゃないですか。本当にお気の毒で。授業で炎上について話すと、学生のコメントで、ダレノガレ明美さんはかわいそうとかお名前が出てきます。

竹内　やっぱりそうなんですね。

辻希美さんの炎上について考えるっていう記事[1]をこちらでも出したことがあるのですが、やはりその時も、いわゆるアンチが集まっているような掲示板をウォッチして、一部のニュースサイトが記事にし続けているという状態でした。

一般人の炎上を取り扱う場合でも、弊サイトが記事化する時には当然名前は伏せるんですが、記事のネタ元をネット上でたどっていった場合に、これは明らかに個人情報がわかるだろうという時や、その人のやったことと負うべき責任のバランスがあまりにも食い違う時には、取り上げるべきかどうか、あるいは書き方をどうするかなど、配慮することはありますね。

あとは、炎上じゃないかっていうことで追いかけても、ファクトとして押さえられないとか、調べていったらこれは違うんじゃないかっていう時には、じゃあ今回は撤退しようっていうこともあります。

——現在、いろいろなネット媒体で炎上が取り上げられています。中にはnetgeek（http://netgeek.biz/）[2]のように裏取りせずにどんどん記事にして、名誉毀損で裁判沙汰になっているところもありますよね。

竹内　炎上というのは基本的にネガティブな話題ですから、弊サイトで記事化する場合には、可能な限りファクトの確認とか、当事者の言い分を対面や電話での取材で確認するなどといった裏取りは大原則としています。

社内には法務部もありますし、炎上の記事に限った話ではなくても、これはちょっとセンシティブだなという話題を扱う時には法務部のチェックを通す場合もあります。顧問弁護士もいますし、なにかトラブルが起きた時には随時対応できる体制は整えています。

そういう意味では、ネットニュースに社会的な影響力があるということは意識してやっています。たとえば、未成年の炎上事案などは、編集部として

〈1〉谷本陵「辻希美『使い捨て弁当箱で炎上』は本当に燃えたか　『批判』記事が逆に炎上」（https://www.j-cast.com/2020/01/21377655.html）

は特にセンシティブに対応していますね。

——企業が炎上した場合はいかがでしょうか？

竹内　事情によりますけど、企業が公式に見解を出していれば、それを載せないのはかえって不自然だと思いますし。

——そうですね。企業に対する炎上については、消費者運動のような側面がある場合もありますし。

竹内　ただ、先ほども申し上げましたように、炎上に限らず社会的な話題をネットニュースとして取り上げるにあたって、（統一的な基準があるわけではなく）どうしても編集者、記者の経験値によって判断することになってしまう側面はあります。取り上げ方に関しては、これからも引き続き考えていきたいなと思っています。

炎上は儲かるコンテンツなのか

——では、炎上は儲かるコンテンツなのかどうかをお伺いしたいと思います。人間、他人がやらかしているのを見るのが好きですし、やらかしている人が罰を受けているのを見るのも大好きなところがあると思うんですよね。

ですから、傍から見ていると、炎上に関する記事はPVをとりやすそうだな、広告費が稼げそうだなと感じるのですが。

竹内　ここ３ヶ月ぐらいの配信記事で、見出しや本文に「炎上」を含む記事があるかを確認したのですが、いわゆる炎上に関する話題であっても、「炎上」という用語を使わない記事もあるので、記事の本数でいくとそれ程多くはありませんでした。正直なところ。

他にも、配信先でのPVのランキング上位の30記事ぐらいまでをざっと確認してみましたが、その中で、いわゆるネットでの賛否両論であったり、ネットで議論が起きたことが起点になっていたり、記事の主題になるような

〈2〉2013年に開設されたバイラルメディア。誤情報の拡散や誹謗中傷、著作権侵害等でしばしばトラブルを起こし、2019年に集団訴訟が提起されている（ねとらぼ，2019）。

話は、30 記事中、5 本～10 本弱ぐらいのイメージでした。

――多いといえば多いですが、炎上に関連するものばかりというわけでもないということですね。

竹内　J-CAST ニュースとして、炎上が重要なコンテンツであるということに関しては、確かにおっしゃる通りだと思います。ただ、いわゆる儲かるコンテンツかというと、微妙だなというふうにも思っていまして。

先程も申し上げましたように、炎上を取材しようとすると、それなりに時間もかかります。記者も、たとえば昨日入ったばかりのような新人の社員に書かせられるかというと、そういうことはありません。場合によっては、クレームが飛んできたり、弁護士対応になったりすることもありえるわけですよね。そんなには多くないですが。

そういったリスクを考えると、比較的、労力のかからないウケるコンテンツというのは炎上以外にあるわけなので。

――ネコ動画とかですかね（笑）。

竹内　極端な話、そういうことです（笑）。もちろん破れかぶれで、ノーガード戦法で行くのであれば、儲けるやり方はあるのかもしれませんが。J-CAST ニュースは 2020 年で創刊 15 年目に入ったのですが、ある程度、継続してメディア運営をやっていこうと思うと、（炎上に関する記事は）読まれるコンテンツかもしれませんが、儲かるコンテンツかっていうと、ちょっと微妙な部分があるかなと。

とは言え、先程申しあげたように「好奇心に貴賤なし」で、読者の興味関心に応える話題を提供していくことが使命だと思っていますので。だから、（大変だから）やらないというかたちにはしたくないですし。

――J-CAST ニュース創刊発行人の蜷川真夫さんが『ネットの炎上力』（2010 年）で、J-CAST ニュースの記事が「こたつ記事」と散々バカにされたとお書きになっていました。

「こたつ記事」と言えば、ネットをちゃらちゃらと見て、このへん話題になるなと目星をつけたら電話一本かけてもう記事にする、みたいなイメージですよね。そこまで軽くできるわけではないということですね。

竹内　こたつ記事を書くにしても、それなりの手間と時間、労力をかけているということですね。

――炎上に絡めた記事はガンガン儲かるのかと思っていましたが、きちんとやろうとするなら、それなりのコストがかかっているということですね。本日はありがとうございました。

インタビューを終えて

同じネットニュースでも、今回取材したJ-CASTニュースのようにマスメディアに近いかたちで裏取りをして記事を作っているところもあれば、まとめサイトの延長線上で話題になっているコンテンツを切り張りし、煽るようなタイトルをつけただけのところもあります。

事実と異なる内容の記事を拡散してしまうと、名誉毀損や著作権侵害に加担してしまうことになります。拡散する前に一呼吸おいて、信頼できる記事なのか、そうではないのか、記事の内容や、配信元から読み取ることが必要だと改めて感じました。

第3章

Twitterでは炎上についてなにが投稿されているのか

1. 炎上ではなにが起こっているのか

第2章では炎上に関与しているメディア（ソーシャルメディア／ネットメディア／マスメディア）を整理しました。その中で、パブリックな言論空間でもあり、プライベートなつながりの場でもあるTwitterが、現在の炎上の中で重要な位置を占めていることを示しました。Twitterは情報共有機能が優れているために批判が広がりやすいだけでなく、ネットメディア／マスメディアが取り上げやすいために大規模な炎上に結びつきやすい特性を持っています。この章では、2つの炎上事例に対するTwitterの投稿データをもとに、次の2つの問いを検討したいと思います。

1つ目の問いは、炎上事例に関する投稿の中で、ネットニュースやマスメディアは、炎上に対して具体的にどのような役割を果たしているのかという問題です。**第2章**で紹介したように、複数の事例でマスメディアでの報道があるとソーシャルメディアへの投稿件数が増えています。ということは、マスメディアによる報道へのリアクションとしてネットに投稿する人が多いのではないかと推測できます。では、どのような情報がTwitterの炎上に関する投稿でよく言及され、炎上を拡大する柱になっているのか、具体的に見てみたいと思います（p.85〜p.109）。

2つ目は炎上において、攻撃的・批判的な投稿は炎上参加者に広く支持されているのかという問題です。**第1章**で紹介したように、攻撃的な投稿や批判的な投稿は、炎上事例に関する投稿の中で、むしろ少数派だと言われています。田中辰雄（2016b）は、東京オリンピックエンブレム盗作騒動に関するTwitterへの投稿をサンプリングして分析した結果、批判的なコメントは28.5%だったとしています。三上俊治（2001）は炎上と類似した特徴を持つ東芝クレーマー事件（1999年）に関する当時のYahoo！掲示板への投稿5,063件を内容分析した結果、批判的な意見が全体の22.8%、非常に感情的な発言と解釈できるものは4.0%だったと報告しています。

ですが、少数派である攻撃的・批判的な投稿が炎上を引っ張っているということもありえます。自分自身ははっきり攻撃的・批判的な投稿をしなくても、攻撃的・批判的な投稿を支持しており、それらにつられて投稿しているユーザーが多数いるという状態です。一方で、攻撃的・批判的な投稿が炎上を引っ張っているわけではないということも考えられます。たとえば、多くの人が盛り上がっている中に、攻撃的な人が紛れ込んでいるという状態です。では、どうしたら攻撃的・批判的な投稿が支持されているか／されていないかを調べることができるでしょうか。

Twitterの場合、注目されるべきだとユーザーが感じた投稿はリツイートによって拡散される傾向があります。2010年の米中間選挙に関する約25万件のツイートを収集し、ネットワーク分析を行った研究では、リツイートはリベラル系同士、保守系同士でよく用いられ、リプライ／メンションはリツイートよりは立場の異なるアカウントに対して用いられていることが明らかになりました（Conover et al., 2011）〈1〉。このことから、リツイートは同質的なネットワークで用いられやすく、リプライやメンションは意見が対立する人との議論や批判で用いられやすいと考えられます。投稿の論調別にリツイートされやすいかどうかを調べることで、それらの投稿が支持されやすいかどうかを検討することができるでしょう。

この章では、①ネットニュースやマスメディアは炎上に対して具体的にどのような役割を果たしているのか、②攻撃的・批判的な投稿はリツイートされやすいかの2点について、炎上事例のTwitterへの投稿データから詳しく見てみましょう。

〈1〉リツイート／リプライ／メンションは、それぞれTwitter特有の機能。リツイートは他者もしくは自分のTwitterの投稿を再度投稿する機能。リプライは特定の投稿に対して返信する機能、メンションはアカウントに対して言及する機能。

分析の対象としては、2016年8月に起きたパソコン販売店「PC DEPOT」（以下、PCデポ）の炎上と、2017年3月に起きたラーメン二郎仙台店の炎上を選びました。PCデポの事例は、消費者の告発を発端に次々と同社の問題点が話題になった大規模な炎上で、同社の株価が炎上前の約半分まで低下するなど顕著な影響があったことから選択しました。翌2017年にも、光回線サービスの契約解除を巡って同社は顧客とトラブルになり、契約内容と比べて解約金が高すぎるのではないかと炎上しています。

ラーメン二郎仙台店の事例は、Twitterの同店公式アカウントが大量に食べ残した客を「クソ野郎」と表現した投稿が炎上の発端となり、テレビで取り上げられるほど話題になりました。ただし、同店を擁護する意見も多く、賛否両論となって盛り上がったという意味で、PCデポ炎上と対照的であることから選択しました。炎上すると、発端になった投稿が後から削除されてしまい、その投稿のリツイートもすべて消えてしまうことが多いのですが、この事例では削除されていないため、炎上がどれくらいの速さで広がるかを見ることもできます。

ちなみに、2017年8月に行ったウェブモニタ調査〈2〉（n＝981）では、PCデポ炎上の認知率は35.1%、ラーメン二郎仙台店炎上については29.8%でした。両事例に対する考えを訊ねた結果が図**3-1**です。認知率にはそこまで差はありませんが、PCデポ炎上への視線はかなり厳しいものと言えます。この違いを踏まえてデータを見ていきましょう。

〈2〉 GMOリサーチを利用し、20代～60代を対象に2015年国勢調査に従って性別・年代を割付した。1,110名の回答を得た上で回答の精度が疑われる129名を除いて、981名の回答を集計している。提示文は、PCデポについては「2016年8月に、パソコン販売店が認知症患者と不必要な契約を結び、解約しようとした家族に10万円の解約料を請求して、炎上しました。この事例について、あなたはどう考えますか。あてはまるものをお答えください」、ラーメン二郎仙台店炎上については「2017年3月に、大盛りで有名なラーメン店の店長が、無料のトッピングをすべて頼んで『こんなの食べられるわけがない』と食べ残した客を、『クソ野郎』とTwitterで表現して炎上しました。この炎上について、あなたはどう考えますか。あてはまるものをお答えください」とした。

図 3-1　PC デポ炎上とラーメン二郎仙台店炎上に対する評価（n=981）

2. 事例 1：PCデポ炎上（2016年）

A. 事例の概要

この炎上は、2016 年 8 月に、顧客の家族がパソコン販売店の PC デポは不当なサービス契約を行っていると Twitter に投稿したことをきっかけに批判が広がったものです〔表 3-1〕。投稿は、投稿者（以下、K 氏）が、一人暮らしの認知症の父親が同社と結んだパソコン 10 台分のサポートを含む過剰なサポート契約（月額 1 万 4,245 円）を解約しようとしたところ、解約金 20 万円を請求され、交渉の結果 10 万円を支払ったというものでした。この投稿は後で削除されましたが、以前にも同店と同様のトラブルがあったことなども投稿されたことから騒ぎが拡大しました。さらに、K氏だけでなく従業員・元従業員からの内部告発や、不適切な企業活動への指摘が次々とTwitterに投稿されたことで炎上は長期化し、同店を運営するピーシーデポコーポレーションの株価は、炎上前の50%以下まで下落しています。

表3-1　PCデポ炎上（2016年）の経緯

日付	内容
2016/8/14	K氏によるTwitterへの投稿
2016/8/15	Twitterの同社公式アカウントが炎上に言及
2016/8/16	同社公式サイトで炎上に関する告知
2016/8/17	同社公式サイトで、使用状況にそぐわないサービスは無償解約、高齢者の新規契約は家族などに確認をとるなどの具体的な対応策を発表 NHKオンラインなどが対応策が発表されたことを報道
2016/8/23	K氏と同社の交渉に同行したウェブライターのヨッピーが、経緯の詳細を報じた記事を「Yahoo！ニュース個人」で公開
2016/9/4	「netgeek」が同社従業員へのノルマ「トウゼンカード」を掲載
2016/9/12	テレビ朝日『羽鳥慎一モーニングショー』に元従業員が出演し内部告発

B．投稿数の推移とメディアの報道

対象期間を炎上が始まる4日前の2016年8月10日から2016年9月14日までとし、検索語を「PCデポ」として2017年5月にTwitterへの投稿を取得したところ、総投稿数は59万4,429件でした〈3〉〔図**3-2**〕。グラフの右軸は同社の株価（終値）で、炎上開始前の1,450円から炎上が広がるとともに下落し、2016年9月14日には633円となっています〈4〉。

炎上が始まった8月14日の投稿数は57件と少ないですが、K氏による

〈3〉Twitterの投稿データは株式会社内外切抜通信社の協力により取得した。ただし、炎上に関連しているが「PCデポ」というキーワードを含まない投稿も相当数あると考えられるため、あくまでこの事例に関する投稿の一部であることに注意。

〈4〉同時期の日経平均終値は8月15日に16,869円、8月31日に16,887円、9月14日に16,614円と1万6,000円台後半でおおむね安定していた。日本経済新聞など複数のメディアで炎上が主因となって同社の株価の下落が発生したものと報じられている〔p.89，表**3-3**〕。

初期の投稿が削除され、それらをリツイートした投稿も自動的に削除されたためと考えられます。

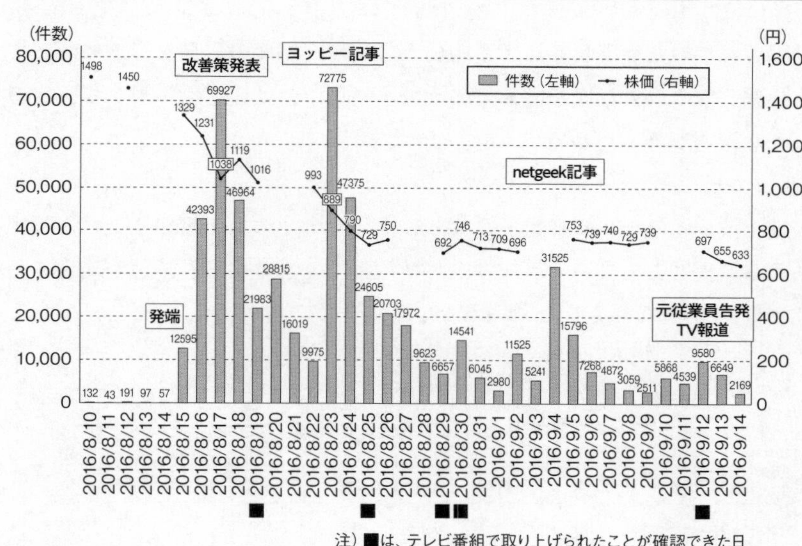

図 3-2　PC デポに関する Twitter 投稿件数と同社の株価（終値）推移

グラフを見てまず目につくのが、いったん投稿件数が収まりかけて、また投稿件数が跳ね上がっているピークが複数あることです。8月17日に1日で7万件近く投稿されている1回目のピーク、8月23日に2回目のピーク、9月4日に前の2回と比べると小さいですが、それでも1日で3万件以上投稿されている3回目のピークがあります。最初のピークを迎えた8月17日にはPCデポが公式サイトで改善策を発表し、「NHKオンライン」などで報道されたため、話題になったものと思われます。2回目のピークの8月23日には、K氏のPCデポとの交渉に同行したウェブライターのヨッピーによる記事が「Yahoo！ニュース個人」で公開され、同時に記事告知の投稿が盛んにリツイートされています。3回目のピークである9月4日には、ネットニュース「netgeek」（p.77，**コラム2，注2**）が、Twitterに投稿されていた従業員らによる店員へのノルマ制度の告発をまとめた記事を公開し、これも話題を呼んだようです。以下、この事例に対して、どのような報道があったか見てみましょう。

(1) テレビ

地上波6局のテレビ番組を対象として、PCデポの炎上を取り上げた番組情報を取得したところ、ニュース・情報番組で計6番組、総放送時間1時間1分17秒となりました〔表**3-2**〕[5]。

表3-2　PCデポ炎上に関するテレビ報道（2016/8/15～9/14）

番組名	放送局	放送日	放送時間	放送内容概要（ヘッドライン）
羽鳥慎一モーニングショー	テレビ朝日	2016/8/19	9：23～9：32	〈ショーアップ〉PCデポ・独居老人にパソコン10台分のサポート契約・ネットで大炎上
ワールドビジネスサテライト	テレビ東京	2016/8/25	23：35～23：37	ピーシーデポコーポレーション・株価年初来安値更新
直撃LIVEグッディ！	フジテレビ	2016/8/29	15：06～15：14	〈カッツミーのピカッとNEWSボード〉高齢者のパソコンサポート・高額契約料を巡ってトラブルに
白熱ライブビビット	TBS	2016/8/30	8：34～8：50	高齢者が陥る高額契約トラブル
Nスタ	TBS	2016/8/30	17：26～17：30	PCデポ・高額契約めぐりトラブル
羽鳥慎一モーニングショー	テレビ朝日	2016/9/12	8：16～8：36	PCデポ・独居老人にパソコン10台分のサポート契約・従業員が内部告発

第1章で紹介したように、テレビでの報道があると、ネットの投稿が活発になると言われています（三上，2001：藤代，2016）。それに対して、この

〈5〉地上波テレビ番組の内容は株式会社エム・データのデータベースによる。

事例では、テレビで取り上げられた5日のうち、前日と比べて投稿が増加しているのは8月30日と9月12日のみで、後の3日については前日の投稿より大幅に減少しています。

PCデポ炎上の場合、Twitterで次々に同社の企業活動の問題点が投稿され、それに応じて投稿数が増加したために、それらの投稿が落ち着いていた8月30日と9月12日を除いてテレビ報道の影響が見えにくくなったのかもしれません。

(2) 新聞

表3-3　PCデポ炎上に関する新聞報道

媒体名	日付		記事見出し
朝日新聞	2016/8/18	朝刊	解約、一部無償に修正　PCデポ、高額請求批判受け
産経新聞	2016/8/18	朝刊	PCデポ、無償で電子機器契約の解約受け付け
日本経済新聞	2016/8/18	朝刊	PCデポ株、一時18%安、ネット投稿で売りが殺到
日本経済新聞	2016/8/19	朝刊	PCデポ、社員教育強化へ新組織、解約料巡る批判受け
日本経済新聞	2016/8/23	夕刊	PCデポ、顧客の声に透ける過ちと信頼（電子版記者の目から）
毎日新聞	2016/8/25	朝刊	ぷらすアルファ：ネット契約、規約読み慎重に
日本経済新聞	2016/8/25	朝刊	PCデポが残した教訓――解約料騒動「非財務」重み示す（スクランブル）
日本経済新聞	2016/8/26	朝刊	PCデポ、電話・DMで利用状況確認、高額解約料批判受け
産経新聞	2016/8/29	朝刊	【主張】ITサポート　健全競争で利便性高めよ
日本経済新聞	2016/9/1	朝刊	PCデポ、出店当面停止、高額請求問題で
日本経済新聞	2016/9/2	朝刊	PCデポ株、すべて売却、ケーズHD、持ち合い圧縮の一環、「解約料問題に関係なく」
日本経済新聞	2016/9/8	朝刊	PCデポ株、運用会社が相次ぎ売却、高額解約料騒動に嫌気
日本経済新聞	2016/9/10	朝刊	PCデポ、10.5%減収、8月、解約料問題で新規加入減

朝日新聞・読売新聞・毎日新聞・産経新聞と日本経済新聞を対象に、各

社のデータベースで「PC デポ」または「ピーシーデポ」を検索語として 2016 年 8 月から 9 月を対象に記事検索した結果が表 **3-3** です〈6〉。

読売新聞には該当する記事はありませんでしたが、朝日新聞・毎日新聞・産経新聞は記事を掲載しています。日本経済新聞では、この問題について 9 記事を掲載しており、改善策の詳細や、騒動による株価や業績へのネガティブな影響などを取り上げています。ここまではっきり株価が下落した炎上は他に思い当たりませんが、国内最大の経済紙である日本経済新聞に繰り返しこのような報道をされれば、株価に影響して当然とも言えます。いずれにせよ、日本経済新聞では企業目線からの記事、その他の日刊紙では消費者目線からの記事が掲載されたと言えるでしょう。

(3) ネットニュース

ネットニュースで「PC デポ」を取り上げたものを 2016 年 8 月 15 日〜2016 年 9 月 23 日を対象として取得したところ、延べ 1,104 件となり、ポータルサイトへの配信で発生する重複を除くと 159 件となりました〈7〉。媒体は、「NHK オンライン」などマスメディアが運営するニュースサイト、「BuzzFeed Japan」などオピニオン系ネットニュース、「netgeek」などソーシャルメディアで盛り上がっている話題を記事化するバイラルメディアなど多岐に渡っています。これらの記事のうち、どのような記事が Twitter でよく言及されたかは次節で紹介します。

C. どのような情報が言及・拡散されたのか

(1) 言及された URL

ネットニュースや、同社のニュースリリースなどウェブで公開された情報源のうち、なにが Twitter でよく言及されたのでしょうか。URL が含まれている投稿 28 万 3,722 件を抽出し、言及された回数の上位 10 位を日付順にまとめたものが表 **3-4** です。

〈6〉利用したデータベースは、朝日新聞「聞蔵 II」(https://database.asahi.com/index.shtml)、毎日新聞「毎索」(https://mainichi.jp/contents/edu/maisaku/)、読売新聞「ヨミダス文書館」(http://www.yomiuri.co.jp/database/bunshokan/)、産経新聞「The SankeiArchives」(https://webs.sankei.co.jp/sankei/index.html)、日本経済新聞「日経テレコン」(http://telecom.nikkei.co.jp/)。

〈7〉ネットニュースの記事は、株式会社内外切抜通信社のデータベース(当時約 3,300 媒体のデータを収録)によって収集した。

表 3-4　PC デポ炎上について Twitter で言及された URL 上位 10 件の内容（日付順）

順位	日付	媒体名/執筆者	ジャンル	タイトルまたは内容	言及回数
8	2016/8/16	はてな匿名ダイアリー	CGM	PC デポの高額な解約金などが話題になっているが	2,556
4	2016/8/17	NHK オンライン	ネットニュース	PC デポのサービスに批判　会社が対応策発表	3,551
10	2016/8/17	ハムスター速報	まとめサイト	【バカッター】PC デポのアルバイトが店舗ぐるみで客のクレジットカードを不正利用していると自白したバカッターの内容がヤバ過ぎる件について	2,269
6	2016/8/19	Twitter/K 氏	Twitter	PC デポ社の不誠実な対応には本当にあきれました。今後はメディアを通して世に問いたいと考えております。今後この件をツイート致しません。今までたくさんの励ましやアドバイスいただきましてありがとうございました。	2,748
1	2016/8/23	Yahoo！ニュース個人/ヨッピー	ネットニュース	PC デポ 高額解除料問題　大炎上の経緯とその背景	36,092
5	2016/8/23	netgeek/腹 BLACK	ネットニュース	PC デポが元バイトを恫喝「暴露投稿を消せ！訴えるぞ！」	2,786
3	2016/8/24	netgeek/腹 BLACK	ネットニュース	PC デポ元バイト「弁護士雇いました」恫喝上司「男と男の話し合いなので弁護士を雇うのはやめよう」	5,319
9	2016/8/26	Togetter	まとめサイト	PC デポ、中古売買に必要な古物商許可を未取得の可能性が浮上→店頭などでの中古販売が中止に	2,464
2	2016/9/4	netgeek/腹 BLACK	ネットニュース	PC デポ「ノルマは課してません。現場の暴走です」→怒った従業員がトウゼンカードを流出させる	12,455
7	2016/9/12	netgeek/腹 BLACK	ネットニュース	【速報】PC デポの従業員がテレビに出演して全てを暴露	2,649

もっとも多く言及されているのが、8 月 23 日に公開された「Yahoo! ニュース個人」に掲載されたヨッピー〈8〉の記事です（p.184, 第 6 章　ヨッピー, 2016）。次いで多いのが「netgeek」の記事で、4 件の記事が計 2 万 3,029 回言及されています。炎上が始まって間もない 8 月 16 日に匿名で公開された「PC デポの高額な解約金などが話題になっているが」が、同社のビジネスモデルを ICT に不慣れな人をサポートするサービスとして社会的意義が

〈8〉ウェブライター。当時、第三者を巻き込んだユニークな記事広告（「記事広告　市長って本当にシムシティが上手いの？ 千葉市長とガチンコ勝負してみた」[https://omocoro.jp/kiji/62020/] など）で注目されていた。

あると擁護しているのを除いて、いずれも同社の問題点を指摘するものです。

この炎上の特徴は、K 氏の投稿とヨッピーの記事に触発されて、同社の問題点が次々に Twitter に投稿され、話題になることで批判が膨らんだことです。8 月 17 日に「ハムスター速報」（ニュースブログ型 2 ちゃんねるまとめサイト［p.58，**第 2 章**］）が紹介している、2014 年 1 月に同社アルバイトによって Twitter に投稿された、店舗ぐるみでクレジットカードの不正使用をしているという告発〈9〉、同店の営業方法が不公正であると暴露した元アルバイトに対して同社社員が脅迫したという 8 月 23 日と 8 月 24 日の「net-geek」記事、中古買取を行っているのに古物商許可の掲示がされていないという Twitter の投稿がまとめられた 8 月 26 日の「Togetter」のページなどです。また、K 氏のトラブルは現場の手違いでたまたま生じたものではなく、同店が従業員に対して行っているノルマ指導から必然的に起きたものだと複数の従業員・元従業員が 8 月下旬に告発し、その証拠として同社が従業員に配布している「トウゼンカード」（同社従業員として望ましい行動指針を提示したカード）の画像を Twitter に投稿していました。この話題は 9 月 4 日に「netgeek」で記事にされ、9 月 12 日にテレビ朝日「羽鳥慎一モーニングショー」でも紹介されています。

ただし、「ハムスター速報」で言及されているクレジットカードの不正利用は後に同社によって否定されています。また、「netgeek」が報じている暴露した元アルバイトへの同社社員の脅迫も実際に起きた出来事なのかどうか確認されていません。この 2 つの話題については、経緯に不自然なところが多いせいか、取材ノウハウを持っている媒体では追従していません。ネットニュースと一口に言っても、①ライターが個人で取材した記事（ヨッピーの記事）、②NHK オンラインなどマスメディアが運営するニュースサイト、③取材を行わずに真偽不明の Twitter への投稿をまとめたバイラルメ

〈9〉ただし、この投稿は PC デポが炎上するまで特に注目を集めていなかった。

ディア（netgeekなど）やまとめサイトの記事があり、玉石混淆で伝播されていると言えます。

また、2016年9月12日の「羽鳥慎一モーニングショー」の内容をまとめた「netgeek」の記事が2,649回言及されているのは興味深いところです。平日の午前中に放送されるテレビ番組を視聴できる人は限られていますが、ネットニュースで報道されることで、より多くの人々に影響力を持つようになっていると考えられます。

この事例の場合、炎上したPCデポは公式サイトやニュースリリースなどで複数回、対応策などを発表していますが、それほど言及されていません。一番多いのはサポートメニューの料金表である「お助けメニュー | 修理総合サポート」（1,441回／23位）です。これは有料でスマートフォンやパソコン、周辺機器の設定などをするというもので、多くのTwitterユーザーから見れば、自分ですぐにできることに対して過大な料金を取っているように見えるため、批判的な文脈で話題になったようです。

次いで企業側が炎上に対して初めて言及し、対応していくことを明らかにしたニュースリリース「弊社サービスに対するインターネット上のご指摘について」（2016年8月16日・761回／60位）、古物商許可の掲示がなされていないという批判に対して発されたニュースリリース「Web本店における中古品買い取り・販売に関するお知らせ」（同8月27日・534回／82位）、批判への対応策として高齢者と契約する際のガイドラインの見直しを発表したニュースリリース「弊社プレミアムサービスご契約のお客様対応に関するお知らせ」（同8月17日・436回／96位）、CSRに関する代表取締役の言葉をまとめた「トップメッセージ |CSR活動」（346回／120位）、ニュースリリース「元従業員と名乗る者によるクレジットカード情報不正取得に関する一連の情報について」（同8月18日・343回／121位）となっています。不適切な企業活動については改善し、事実ではないものについては否定して、こま

めに情報発信をしているのですが、「netgeek」や「ハムスター速報」記事の言及回数と比べると、十分な反響が得られたとは言えない状態です。もし炎上で「事実」として広がっていることが事実ではないと反証するなら、公式サイトに声明を出すだけでなく、Twitterの公式アカウントなどソーシャルメディアで周知した方がより多くの人に届くのかもしれません〈10〉。

その他の同社の情報発信としては、「ダイヤモンド・オンライン」(https://diamond.jp/)の同社社長へのインタビュー記事「PCデポ社長、高齢者PCサポート事業への批判に答える」があります。この記事は1,639回(15位)言及されており、同社サイトやニュースリリースよりも言及されています。ただし、この記事に言及した投稿を見ると「(現場に責任を押し付ける)トカゲの尻尾きり」など否定的なコメントが目立ちました。この記事はタイトルの通りPCデポ側の言い分をまとめたもので、第三者の取材による客観的な報道とは言えないものだったせいもあるかもしれません。

企業が炎上した際、信頼を取り戻そうと謝罪リリースを公開したり、間違った情報を訂正する情報発信をしたりすることはよくあります。ですが、自社サイトで情報発信するだけでは拡散されにくく、レピュテーションの回復に結びつきにくいという問題があると言えます。

(2) リツイート

ではリツイートについてはどうでしょうか。炎上前の投稿は、全投稿463件に対してリツイートが14.7%(68件)でした。炎上が始まってからの投稿は全投稿59万4,488件に対してリツイートは68.4%(40万6,979件)とリツイートの比率が大幅に増加しています。次項で検討するラーメン二郎仙台店の事例でも炎上発生後にリツイートの比率が増加しており、炎上している時、または炎上に限らずTwitterで話題が盛り上がっている時の特徴かもしれません。

〈10〉2013年に、チロルチョコの製品に虫が入っていた画像を添えた苦情がTwitterに投稿された事例では、同社のTwitter公式アカウントが、製造中に混入したとは考えられないこと、家庭での保管中に混入する場合が多いことを第三者機関のデータを元に早い段階で説明し、炎上に至っていない(小林, 2015)。

表 3-5　PC デポ炎上でのリツイート回数上位 10 件の内容（日付順）

順位	投稿日	リツイート回数	内容
3	2016/8/16	5,606	RT @NA――――：【PC デポまとめ】高齢者に大量にオプション盛る→解約したら違約金 10 万→リツイート祭→株価下落→マスコミ各社報道→PC デポ「何も悪い事しとらん！」→PC デポ「爺が iPod 使ってる。こっちにはログが有る。」→監視アプリ入…
8	2016/8/16	3,647	RT @ao――――：PC デポ「1 TB の HDD」を「5 TB」と偽って販売 5 TB 使いたければ毎年 13,000 円払ってね ヒドイっていうレベルを超えた詐欺案件になってきたな（´･ω･`）https://t.co/JB2AYNUGv6
7	2016/8/17	3,691	RT @Ca――――：PC デポの件で一番困るのが、サービス業は全部無料でやれって風潮が今以上に広がること。日本人の中高年以上は物質的で目に見えるモノ以外に価値を認めない傾向があるからそれに拍車がかかるとやばい。
9	2016/8/17	2,955	RT @yu――――：おまえら PC デポだかを叩くなら、ついでにドコモや au やソフトバンクの最初にわけのわからん契約結ばせて自分で解除させるあの謎商法まで一気に燃やさないとあかんのじゃないか。
2	2016/8/19	8,749	RT @sa――――：PC デポの広告がヤバい https://t.co/uKcnrm98Q6
1	2016/8/23	15,367	RT @yoppymodel：めちゃくちゃ長いけど書いたよ～！ 20 万円の内訳とか契約書の PDF とか元・現従業員の証言とか全部公開します！/PC デポ 高額解除料問題　大炎上の経緯とその背景（ヨッピー）- https://t.co/djkKEUmJHJ https://t.c…
4	2016/8/23	5,226	RT @ub――――：炎上中の PC デポ、株価が 1400 円→900 円に 500 円下がって、発行株式数が約 4,380 万株だから約 220 億円の時価総額が吹き飛んだのか。約 10 万円の契約 1 件を巡って。
5	2016/8/23	4,818	RT @eb――――：両親の無知につけ込み特に不調というわけでもない PC いじくり回し、設定費用という名目で高額な小遣い巻き上げるという悪徳商法を 3 年くらい続けてたんだけど、某企業が炎上してニュースになったせいで全部バレて、実の親から PC デポってあだ名で呼ばれる…
10	2016/8/23	2,933	RT @ki――――：PC デポの件は火消しに失敗しただけでなく、過去の所業を知る元社員や元契約の人が次々と告発ネタをネット媒体に持ち込んでいって盛大な焚火パーティーに発展する気配が強くて、夏休みの最後を彩る素敵なイベントになるのではないかという期待感がマキシマム
6	2016/8/24	4,414	RT @cl――――：鳥越俊太郎は、「ジャーナリズムは終わった。」なんて言っていたが、PC デポの件では個人が SNS で被害を訴え、web を主戦場とするライターのヨッピー氏が詳細なレポートを挙げたことで PC デポの株価は吹き飛んだ。既存メディアが死んだだけでジャーナリズ…

リツイート回数が多い上位 10 位までの投稿を時系列順に並べたものが**表 3-5** です〈11〉。1 位は Twitter で言及された URL で 1 位だったヨッピーの

〈11〉引用のルールとしては、リツイートされた投稿のアカウント名を明示することが必要であるが、一般人の投稿が複数含まれていることから、ヨッピー以外のアカウント名の一部を省略している。

記事公開を本人が告知した投稿で〔p.91, 表 **3-4**〕、次いで同社の広告を問題視した投稿〈12〉、経緯のまとめなどが続きます。炎上とは攻撃的・批判的な投稿が膨れ上がることだと定義されていますが、リツイート回数上位の投稿には攻撃的な表現は目立ちません。「詐欺」という表現を含む 8 月 16 日の投稿（8 位）など批判的なニュアンスを含むものもありますが、強く批判している投稿が多いわけではありません。8 月 23 日（5 位）の投稿のようにネタ化したものや、4・6・7・9・10 位のように騒動を俯瞰し、論評したりするような投稿がむしろ多数のユーザーにリツイートされています。

鳥海不二夫（2015）は、STAP 細胞問題に関する Twitter の投稿データから、本筋である STAP 問題への批判よりも、この問題をネタ化した投稿の方がリツイートされやすいと示唆しています。2 ちゃんねるなどの掲示板や Yahoo！ニュースのコメント欄ではまた話が違うかもしれませんが、少なくとも Twitter では攻撃的な投稿や、真正面から批判している投稿より、「うまいことを言った」投稿が注目されやすいのかもしれません。攻撃的・批判的な投稿の比率に関しては、次項でラーメン二郎仙台店炎上を整理した上で、合わせて分析したいと思います。

3. 事例 2：ラーメン二郎仙台店炎上（2017年）

A．事例の概要

この事例は、2017 年 3 月 5 日 16 時 15 分に行われたラーメン二郎仙台店の公式アカウントの「【暗い話題】大は多いので初めての方は小でと再三お

〈12〉この投稿では、アプリのアップデートマークが表示されているスマートフォンの画面に「このままのご利用は危険な場合があります/今すぐご相談ください」という文言を添えている PC デポのチラシ画像が掲載されている。

願いしたのにいいから大全部マシ〈13〉。金払えば何してもいいと言う勘違いした態度。半分以上残した後笑いながら食えるわけねーよ。とクソ野郎三連コンボのお客様がいらしたので帰り際に人生初の『2度と来ないでくださいね〜♡』が自然と口から出てて驚く」（原文ママ）という投稿から発したものです。この投稿に対してリプライ583件・リツイート2万3,267件、いいね2万392件（2017年6月1日確認）という大きな反響が起き、ネットニュースやテレビ番組でも取り上げられました。

B．投稿数の推移とメディアの報道

2017年3月1日から3月30日までのTwitterの投稿を対象とし、「ラーメン二郎」および発端となった投稿をしたアカウント名「@jiro_sendai1023」を検索語として、投稿を8万286件、2017年5月に収集しました〈14〉。ラーメン二郎の別の店舗に関するものなど炎上に関係のない投稿を排除したところ、ラーメン二郎仙台店炎上に関する投稿は4万7,688件となりました〔図**3-3**〕。

発端となった投稿が削除されなかったため、このデータからは、炎上が広がる速さと規模を知ることができます。発端になった投稿が行われたのが、2017年3月5日の16時15分、この時点のフォロワー数は6,712アカウントでした。同日16時15分のうちにこの投稿に対する公式リツイートが2件投稿され、最初の10分間で198件のリツイートと7件のリプライ、その他1件の投稿が行われています。それらの延べフォロワー数は14万7,941アカウントとなりました。もともとフォロワー数が多かったとはいえ、たったの10分でここまで拡散してしまうのが炎上の怖いところです。ただし、投稿は必ずしも批判的なものではなく、「聖人として名高いラーメン二郎仙台店店長がマジギレするってよっぽどだったんやな…」というコメントが投稿されていたり、他にも複数、同店の接客は丁寧だという評価が

〈13〉「大全部マシ」とは、麺を大盛りにした上で、野菜、チャーシューなどのトッピングをすべて大盛りにすることを指す。ラーメン二郎は大盛りのラーメンが特徴で、「小」が一般的なラーメン店の並盛りの倍以上に相当するとも言われている。

〈14〉データの収集はPCデポ炎上と同様に株式会社内外切抜通信社の協力により行った。ただし、同店は略称の「二郎」と表記されることも少なからずあるため、収集したデータはこの炎上事例に関する投稿の一部であることに注意。以下のテレビ・新聞・ネットニュースのデータ収集もPCデポ炎上と同様に行った。

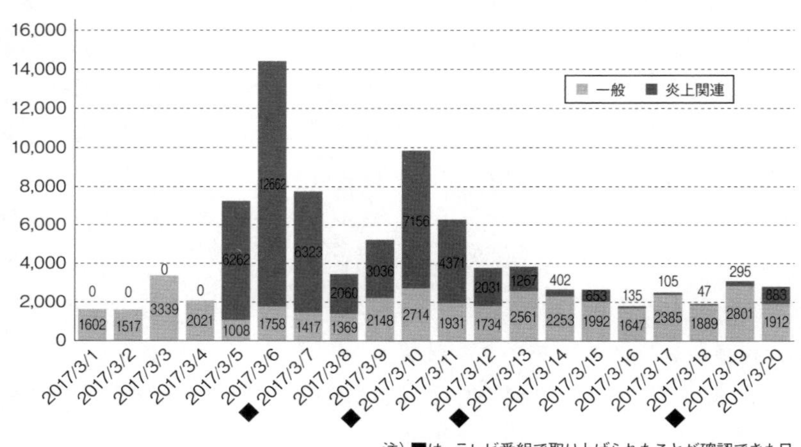

注）■は、テレビ番組で取り上げられたことが確認できた日

図 3-3 「ラーメン二郎」および「@jiro_sendai1023」を含む Twitter 投稿数推移

投稿されていたりしました。

同店が同日 22 時 47 分に最初の投稿を補足する投稿を行った時には、投稿（リツイート・リプライ含む）は計 5,064 件、延べフォロワー数は 551 万 5,799 アカウントに達しています。また、同日 16 時 17 分には、2 ちゃんねるで最初のスレッドが立てられ、16 時 45 分に 2 ちゃんねるまとめブログで最初の記事が公開されています。

次々と問題点が Twitter に投稿された PC デポ炎上の事例とは違い、ラーメン二郎仙台店炎上では、新たに問題視されるような話題は出ていません。もし炎上が単純にソーシャルメディア上の情報の拡散と意見の表出によってのみ起こるなら、投稿が盛り上がってピークを迎えた後は右肩下がりになると予想されます。

ですが、実際はそうなってはいません。3 月 5 日に炎上が始まって翌 6

日が一度目のピーク（1万2,662件）、いったん落ち着いて2回目のピークが5日目の3月10日（7,156件）となっています。2回目のピークには、PCデポ炎上の事例と同様にマスメディアやネットニュースでの報道が影響している可能性があります。では、どのような報道がされていたのでしょうか。

(1) テレビと新聞の報道

テレビでは5つの番組で取り上げられており、いずれも日中に放送される情報番組でした〔表**3-6**〕〈15〉。全国日刊紙では、朝日新聞・毎日新聞・読売新聞・産経新聞・日本経済新聞すべてに掲載がありませんでした。

表3-6　ラーメン二郎仙台店炎上に関するテレビ報道

番組名	放送局	放送日	放送時間	放送内容（ヘッドライン）
バラいろダンディ	TOKYO MX	2017/3/7	（不明）	（放送内容の詳細不明）
スッキリ!!	日本テレビ	2017/3/10	9：38〜9：48	〈あなたはどっち派!? スッキリJUDGE〉 飲食店がSNSで客への怒りコメントを投稿するのはあり？ なし？
めざましテレビ	フジテレビ	2017/3/13	6：10〜6：17	〈ニュースのミカタ〉 飲食店困惑・相次ぐSNS狙いの迷惑行為
バイキング	フジテレビ	2017/3/13	12：38〜12：54	〈気になるエンタメニュースランキング7〉 4位・ラーメン二郎・公式ツイッターで客に苦言
ワイドナショー	フジテレビ	2017/3/19	10：46〜10：55	〈松本人志と有名人が斬るニュース〉 有名ラーメン店・SNSで客に苦言

(2) ネットニュース

この事例について取り上げたネットニュースを2017年3月5日〜3月31日を対象として取得したところ、延べ123件となり、重複を除くと20件となりました。「弁護士ドットコムNEWS」などオピニオン系ネット

〈15〉「バラいろダンディ」（TOKYO MX）については、ネットニュースにより報道が確認されたが、テレビデータの提供を受けた株式会社エム・データの調査対象から外れているため、詳細不明。

ニュースや「ガジェット通信」など、バイラルメディアから配信されています。PC デポの事例とは異なり、新聞社や出版社のニュースサイトは取り上げておらず、マスメディア系の媒体では「スポーツ報知」などスポーツ新聞系のニュースサイトだけでした。

また、ネットニュースの内容をよく見ると、炎上に関するマスメディアでのタレントのコメントの記事化がこの事例では目立っていました。テレビ番組「バラいろダンディ」「スッキリ！！」「バイキング」「ワイドナショー」の出演者の発言を記事にしたものが計 7 件、ラジオ番組からは 2017 年 3 月 11 日放送の「土曜ワイドラジオ TOKYO ナイツのちゃきちゃき大放送」（TBS ラジオ）での発言から計 2 件、テレビとラジオを合わせると 9 件記事化されていました〔表 **3-7**〕。

ネットニュース 20 件のうち 3 割近くがタレントのコメントを取り上げた記事です。タイトルだけを見ても報道が賛否両論だったことがわかります。

PC デポの事例でも情報番組を中心に 5 件のテレビ報道がありましたが、タレントの発言を軸にテレビ番組の内容を起こしたネットニュースは見当たりませんでした。PC デポの事例は朝日新聞などの全国日刊紙で報道されていますが、ラーメン二郎仙台店の事例ではされていません。同じ「炎上」であっても、PC デポの事例は全国日刊紙が取り上げるようなハードニュースとして捉えられ、ラーメン二郎仙台店の事例はソフトニュースとして捉えられており、そのため芸能と絡めて記事化されやすかったのかもしれません。

表 3-7　ラーメン二郎仙台店炎上に関するネットニュース記事（2017/3/6~3/19）

	媒体名	配信日	内容
	しらべぇ	2017/3/6	ラーメン二郎・仙台店が客に「二度と来るな」その理由に賛否両論の声
	ロケットニュース 24	2017/3/6	【激怒】『ラーメン二郎仙台店』がクズ客にブチギレ！「2度と来ないで下さいね」
	エキサイトニュース	2017/3/6	ラーメン二郎仙台店が「2度と来ないでください」食べ切れないのに大盛頼んで残した客に
	ガジェット通信	2017/3/7	「クソ野郎三連コンボのお客様」ラーメン二郎仙台店の苦言ツイートに賛否
	LINE NEWS	2017/3/7	「ラーメン二郎仙台店」が客に怒り…苦言ツイートに賛否
	JONNY	2017/3/7	ラーメン二郎・仙台店が客に「二度と来ないでくださいね」と口にする !! その理由に賛否両論
★	livedoor ニュース	2017/3/8	板東英二が「ラーメン二郎」の食べ残し批判ツイートに反論「客の勝手」
	AbemaTIMES	2017/3/9	ラーメン二郎、客への怒りに賛否「2度と来ないで」
	弁護士ドットコム	2017/3/10	ラーメン二郎「2度と来ないで」投稿が話題…食べきれない「大」注文客、拒否できる？
★	livedoor ニュース	2017/3/10	加藤浩次「ラーメン二郎」の怒りの投稿に持論「覚悟しているなら」
★	nikkansports.com	2017/3/10	加藤浩次、ラーメン二郎の客批判「言ってもいい」
★	スポーツ報知	2017/3/11	やくみつるさん、ラーメン二郎論争で店主支持「調子こいた客だったんでしょう」
	LINE NEWS	2017/3/11	ラーメン二郎の“苦言”が物議…客の注文、店は拒否できる？
	Yahoo! ニュース	2017/3/12	「ラーメン二郎」で大盛りを食べ残した客は本当に悪いのか？ 再発しないための３つの対策
★	livedoor ニュース	2017/3/12	ナイツ・塙宣之 ラーメン二郎の店員に苦言「たまに横柄な店員がいる」
	citrus	2017/3/13	ラーメン二郎「クソ野郎三連コンボ」ツイート問題に擁護が半分、批判が半分
★	livedoor ニュース	2017/3/13	坂上忍 有名ラーメン店の客批判に疑問「なんでツイートしちゃったの？」
★	RBB TODAY	2017/3/13	坂上忍、「ラーメン二郎」の客批判ツイートに「なんでツイートしちゃったかなぁ」
★	スポーツ報知	2017/3/19	松ちゃんはジロリアンだった⁉「『大』食われへん男に腹立つ」

注）★マークはタレントのマスメディアでの発言を記事化したもの

C. どのような情報が言及・拡散されたのか

(1) 言及された URL

URL を含む投稿を抽出し、言及されている回数が多いもの上位 10 件を日付順に並べたのが表 **3-8** です。URL が言及された回数がもっとも多かったのは、「Abema Times」（Yahoo！ニュース配信）の 922 件ですが、「弁護士ドットコム NEWS」の記事が複数のポータルサイトから言及されており、上位 10 件にランクインしたもののみを合わせても計 1,511 件となっていま

表 3-8　ラーメン二郎仙台店炎上について Twitter で言及された URL 上位 10 件の内容（日付順）

順位	日付	媒体名/執筆者または元媒体	ジャンル	タイトルまたは内容	回数
8	2017/3/6	オレ的ゲーム速報@ JIN	まとめ	ラーメン二郎仙台店が客にブチギレツイート「クソ野郎三連コンボのお客様がいらした」、「2度と来ないでくださいね～」	259
2	2017/3/7	ライブドアニュース（ガジェット通信）	ネットニュース	ラーメン二郎仙台店の客への苦言に賛否「クソ野郎三連コンボのお客様」	894
4	2017/3/7	ニコニコニュース/ガジェット通信	ネットニュース	「クソ野郎三連コンボのお客様」ラーメン二郎仙台店の苦言ツイートに賛否	700
10	2017/3/8	ライブドアトピック・ニュース	ネットニュース	板東英二が「ラーメン二郎」の食べ残し批判ツイートに反論「客の勝手」	221
1	2017/3/9	Yahoo! ニュース/Abema-Times	ネットニュース	ラーメン二郎、客への怒りに賛否「2度と来ないで」	922
3	2017/3/10	Yahoo! ニュース（弁護士ドットコム NEWS）	ネットニュース	ラーメン二郎「2度と来ないで」投稿が話題…食べきれない「大」注文客、拒否できる？	795
5	2017/3/10	Twitter モーメント	まとめ	ラーメン二郎 忠告無視して残した客に「二度と来ないで」	506
6	2017/3/10	ニコニコニュース（弁護士ドットコム NEWS）	ネットニュース	ラーメン二郎「2度と来ないで」投稿が話題…食べきれない「大」注文客、拒否できる？	482
9	2017/3/10	弁護士ドットコム NEWS	ネットニュース	ラーメン二郎「2度と来ないで」投稿が話題…食べきれない「大」注文客、拒否できる？	234
7	2017/3/12	Yahoo! ニュース個人/東龍	ネットニュース	「ラーメン二郎」で大盛りを食べ残した客は本当に悪いのか？ 再発しないための３つの対策	481

した。8位（3月6日）の「オレ的ゲーム速報@ JIN」はニュースブログ型まとめサイトの記事告知用アカウントです〈16〉。

ラーメン二郎仙台店炎上に関する投稿件数の推移とテレビやネットニュースの報道状況とを並べてグラフにしてみましょう〔図 **3-4**〕。

投稿数が2回目のピークとなっている3月10日には、「弁護士ドットコム NEWS」「livedoor ニュース」「nikkansports.com」から記事が配信されています。「弁護士ドットコム NEWS」の記事は法的な見地からこの炎上を考察したもので、その他2件は同日午前中の情報番組「スッキリ！！」司会者の加藤浩次のコメントを取り上げたものです。同日の投稿 7,156 件を集計したところ、「加藤」を含む投稿は 671 件（9.3%）、「弁護士ドットコム NEWS」の記事タイトルに特徴的な語である「拒否」を含む投稿は 1,500 件（20.9%）となりました。つまり、この2つの記事に反応した投稿が合わせて3割以上あるということです。同日、ラーメン二郎仙台店の投稿のリ

〈16〉このまとめサイトは、2017 年 11 月 13 日に放映された NHK「クローズアップ現代＋」のネットリンチ特集で取材に応じ、月間広告売上が 700 万円ほど、スタッフを 10 名ほど雇い、1 日 30～40 本の記事を配信していると明らかにしている。

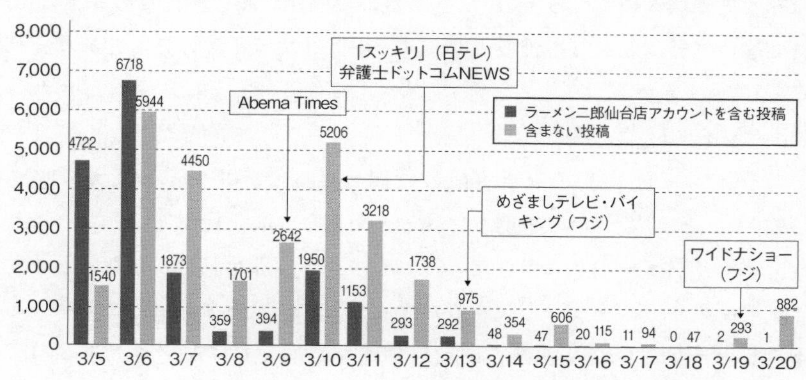

図 3-4　ラーメン二郎仙台店炎上関連投稿推移

ツイートや同店へのリプライも再び活性化し、テレビとネットニュースの報道によって炎上が再燃したと考えられます。

ただし、PC デポ炎上と同じく、マスメディアでの報道があれば、投稿件数が伸びるとは限りません。3 月 13 日には、2 つのテレビ番組で取り上げられ、「バイキング」の司会者の坂上忍のコメントが同日に 2 件、ネットニュースで記事化されていますが、投稿件数は前日と比べて減少しています。炎上発生から 9 日目に当たる 3 月 13 日には、この話題は一巡して、新たな反応を呼び起こしにくくなっていたのかもしれません。逆にいうと、一つしか批判の材料がないのなら、炎上の寿命は 1 週間ほどではないかと考えられます。

さらに言えば、マスメディアの報道を受けて投稿件数が伸びても批判が再燃するとは限りません。3 月 19 日にはテレビ番組「ワイドナショー」で取り上げられ、番組での松本人志のコメントがネットニュースで配信されています。当日と翌 3 月 20 日に再度投稿数は伸びていますが、内容はほ

ぼ松本人志個人に関するもので、2回目の投稿件数のピークである3月10日と違い、発端となった投稿のリツイート、リプライはほとんどありませんでした。

(2) リツイート

ラーメン二郎に関する炎上前の投稿を見ると、リツイートが41.4%(3,960件)と、PCデポの事例と比べると、かなり高い比率になっていました。よくリツイートされていたのは、ラーメン二郎を話題にしたまとめサイトの記事や、ユーザーが投稿した食レポです。ラーメン二郎に興味があるユーザー同士がつながり、面白い話題が出てくればリツイートをしてシェアする、ラーメン二郎が好きな人たちのネットワークがTwitterで形成されていたようです。炎上が始まってからの投稿は、リツイートが61.6%(2万9,518件)と、PCデポの炎上と同じくリツイートの比率が高くなっていました。

では、炎上に関する発言では、どのような発言がリツイートされたのでしょうか。調査期間の間にリツイートされた回数が多かった投稿の上位10位を集計したものが表**3-9**です〈17〉。1位はラーメン二郎仙台店の炎上の発端となった投稿で、2位、3位も最初の投稿を補足する同店の投稿、9位もラーメン二郎仙台店の投稿です。「たくさんの方に見てもらっている」という表現がありますが、この投稿がなされた時、炎上の発端となった投稿を行った時と比べると、同店のフォロワーは6日間で1,672アカウント増えて8,323アカウントになっていました。炎上マーケティングという言葉があるように、炎上で注目を集めて名前を売ろうとする人や組織はありますが、実際にそれなりの規模で炎上し、テレビで幾度も取り上げられても、フォロワーの増え方はこのくらいなのかと少し驚きました。

4位はlivedoorニュース記事の告知ツイートで、8位はそのツイートが500RTを突破したことを告知するツイート、5位は、ロックバンド「マキ

〈17〉表**3-5**と同様に、個人の投稿についてはアカウント名の一部を省略している。

表 3-9　ラーメン二郎仙台店炎上でのリツイート回数上位 10 件の内容（日付順）

順位	日付	回数	内容
1	2017/3/5	16739	RT @jiro_sendai1023：【暗い話題】大は多いので初めての方は小でと再三お願いしたのにいいから大全部マシ。金払えば何してもいいと言う勘違いした態度。半分以上残した後笑いながら食えるわけねーよ。とクソ野郎三連コンボのお客様がいらしたので帰り際に人生初の「2 度と来な…
2	2017/3/5	4589	RT @jiro_sendai1023：掃除終わったら言葉足りなくて荒れてる w 朝から一生懸命みんなで作ってるので、マシた物は食べて頂きたいです。当店、後からでも足せますので。食べれないのに大盛りの様を見たいだけの方、撮りたいだけの方は御来店頂かなくて結構です。
3	2017/3/5	681	RT @jiro_sendai1023：お客様にいってやったぞー！ どやー！ ではないですよ w そうも取れるんですね w
7	2017/3/5	194	RT @hi———：@jiro_sendai1023 気持ちはわかるし、言っていることは正しいが、ここで吐き出すことではないだろう…お宅に伺ったことはないが、味も接客も評判だったので少しガッカリです。
10	2017/3/5	151	RT @BO———：@jiro_sendai1023 ここで話してるみんなが、「客が上」ってことを前提に話していることに驚く。「金を払って食べさせていただいてる」って考えらんない現代人は人間として終わっていると思います。
6	2017/3/6	212	RT @me———：「ラーメン二郎仙台店が炎上！」ってツイートが流れてきて、は？ バカ客が食い物を粗末にするバカな事やって笑いながらバカな事言ったから店主がついに怒っただけの話だよな?? と思ったらリプライ欄がマッポーめいた光景になってた…https://t.co/8s…
4	2017/3/7	608	RT @livedoornews：【賛否】ラーメン二郎仙台店が苦言ツイート「クソ野郎三連コンボのお客様」https://t.co/I1e5tQR51k「その態度は論外」、「言っていることは正しいが、ここで吐き出すことではない」など、様々な声が寄せられている。https…
8	2017/3/7	189	RT @livedoornews：500RT：【賛否】ラーメン二郎仙台店が苦言ツイート「クソ野郎三連コンボのお客様」https://t.co/I1e5tQR51k「その態度は論外」、「言っていることは正しいが、ここで吐き出すことではない」など、様々な声が寄せ…
9	2017/3/11	178	RT @jiro_sendai1023：検索は応援になる。ご存知の方も多いとは思いますが、たまたま炎上して沢山の方に見てもらっている内にリツイート。https://t.co/FEEwvPr6Ke
5	2017/3/15	488	RT @MTH_OFFICIAL：そんな地球の話をしてるんじゃない！ 二郎という宇宙の中の、法律ではなく法則だっ！ by マキシマムザ亮君（末期の悪い例 w）ラーメン二郎で大盛りを食べ残した客は本当に悪いのか？ 再発しないための 3 つの対策（東龍）――Yahoo！ニュース https…

シマム ザ ホルモン」公式アカウントによるもので、ラーメン二郎仙台店を擁護する内容でした。一般ユーザーの投稿は 6 位・7 位・10 位が該当し

ます。6位は同店を支持しつつ元ツイートのリプライが荒れていることを慨嘆した投稿、7位は同店に理があると認めながら諭す投稿、10位は店側を擁護する投稿です。7位は同店に対して多少なりとも批判的ですが、もっと強く批判している投稿や、攻撃的な投稿はリツイートされた回数の上位には入っていません。PCデポの事例と同じく、リツイート回数が上位の投稿には攻撃的なものが見当たらないという結果になりました。

D．リプライ合戦の行方

この事例の場合、炎上の発端となった投稿が削除されなかったために、元の投稿へのリプライも残っています。炎上した者に対して、どういう言葉が直接投げかけられているのかがうかがえるため紹介したいと思います。

炎上の発端となった投稿へのリプライは1,127件、809アカウントが行っています。うち、同店以外のアカウントに対してもリプライを入れている投稿は285件、112アカウントありました。他のユーザーにラーメン二郎仙台店のアカウントとともに言及されているアカウントは66アカウントありました。

Twitterでは、元の発言を開くとその下にリプライが並んで表示されるので、攻撃的または批判的なリプライがたくさんついていると「荒れている」という印象を第三者に与えます。そのため、Twitterで炎上したアカウントを攻撃したいと思うなら、リプライで批判するのが有効な手段です。逆に炎上したアカウントを擁護したければ、元の発言に肯定的な自分の意見をリプライとして投稿したり、元発言を巻き込んで攻撃者を批判するリプライを行ったりすることになります。同店は個別のリプライにほとんど答えていませんが、リプライ欄は批判者と擁護者が入り乱れた「マッポーめいた光景」（表**3-9** リツイート回数6位の投稿の表現）となっています。

表 3-10　ラーメン二郎仙台店アカウントに対するリプライの例（原文ママ）

	攻撃的なリプライ
2017/3/5	@jiro_sendai1023 次郎の店員とかいう豚の餌番ごときが偉そうなこと言ってんじゃねえよ
2017/3/5	@jiro_sendai1023 残す奴もゴミだけど、それを自慢げにツイートする店ってのも同じようにゴミだと思うんだけど
2017/3/6	@jiro_sendai1023 糞不味い豚の餌に金出してくれるだけ感謝しろよ（^_^;）んでここまで言ったんやから『お代はお返ししますから二度と来ないでください』くらい言って返金したんだよな？ まさかお代貰ってないよな？
2017/3/6	@jiro_sendai1023 豚の餌ラーメン店とクソ野郎３連コンボ何が違うのか店員の態度じゃねぇだろ個人の店ならまだいいとして二郎っていう名前背負ってその言葉遣いはいかがなものか客の態度にもムカつくが、お前みたいなクソ店員もムカつくわ。
2017/3/6	@jiro_sendai1023 お前がクソやろ！ 調子に乗るなよ誰のおかげで成り立ってるかよく考えてから喋れクソ
	批判的なリプライ
2017/3/5	@jiro_sendai1023 たしかにその客の行為は許し難いです。しかし、私はクソ野郎三連コンボなどといった少し汚い言葉遣いを見た時自分もそう思われるのではないかと萎縮してしまいました。そう感じる人も少なくないのではないのでしょうか。
2017/3/5	@jiro_sendai1023 このような話をツイッター上に上げることが異常。
2017/3/5	@jiro_sendai1023 忠告してんのにふざけたこと言って食えねぇし一生懸命作ったしあったまくるのはわかんだけど SNS でこんなこというのはどうかと思うしクソ野郎三コンボってのはどうかって話よ。どんなやつがこよーが一応「客」だしね。
2017/3/6	@jiro_sendai1023 このアカウントは日々の客の愚痴を言うアカウントなの?? この出来事を公開したことで、そんな客がいなくなるわけでもないし、客足が伸びるわけでもない。仙台二郎は何かを履き違えてる気がしますね。多店舗に一度研修行ったほうがいいのでは？
2017/3/6	@jiro_sendai1023 世間一般からみると、二郎のラーメン自体食べ物を粗末にしているようにみえる。
	肯定的なリプライ
2017/3/5	@jiro_sendai1023 当然でしょう。客が店を自由に選べるように、経営者にも客を選ぶ権利があります。
2017/3/5	@jiro_sendai1023 作ってる側からしたら文句言って残されるのがいちばんの侮辱だと思います。目の前でそういう態度されたら出禁にするのは当たり前の対応だと思いますよ！
2017/3/6	@jiro_sendai1023 このツイートで、食材を無駄にする倫理観のない輩が減るといいですね。なんか、反対意見みたいなの湧いてますけど。金を払えば店員の心情を痛めつけるような粗相しても構わないという道徳観が恐ろしいですね。
2017/3/6	@jiro_sendai1023 仰る通りです。批判されてる方例えばバイキングで取るだけとって全部残す人をどう思いますか？ ってことです。
2017/3/6	@jiro_sendai1023 いつも美味しい二郎を提供しただきありがとうございます…！ 我々、客側からしても正直マナーの悪い客の存在には思う所がありました。スタッフのお気持ちはごもっともかと。応援しております故、炎上に負けずこれからも頑張って頂きたい…！

表 **3-10** は同店に対するリプライの例です。いずれも異なるアカウントから投稿されています。攻撃的なリプライの例として、批判的な投稿の中から特に侮蔑語が入っているものをピックアップしました。ただし、このタイプの投稿は、リプライとして投稿されたものの中でもごく少数です。

他のユーザーにもリプライまたはメンションを入れている投稿285件について、論調を分類し、組み合わせを集計したのが表 **3-11** です〈18〉。

表 3-11　炎上したアカウントと他ユーザーのアカウントを含む 285 件の論調

		被言及者				
		批判	擁護	不明	該当者なし	計
言及者	批判	12 9.8%	55 45.1%	7 5.7%	48 39.3%	122 100.0%
	擁護	46 34.1%	21 15.6%	2 1.5%	66 48.9%	135 100.0%
	不明	6 21.4%	3 10.7%	5 17.9%	14 50.0%	28 100.0%

言及者が批判的な投稿のうち 45.1% がラーメン二郎仙台店を擁護する意見を投稿しているアカウントに言及し、同じく批判的な投稿をしているアカウントに言及したものは 9.8% でした。逆に、言及者が擁護している投稿では 34.1% が批判的な投稿をしているアカウントへ言及しており、同じく擁護している投稿者へ言及したものは 15.6% でした。批判側、擁護側ともに互いに対立する立場のアカウントへ言及している比率が高いという、先に紹介したアメリカの研究（Conover et al., 2011）に似た結果になりました。

ちなみに「最初は批判していたが、他のユーザーの意見を受けて店側に理解を示すようになった」など途中で論調が変わったアカウントは確認で

〈18〉複数のアカウントへ同時に言及しているものについては、1つずつ分けてカウントした。たとえば、アカウント A が、アカウント B とアカウント C について言及している場合は、A→B、A→C と投稿を 2 つに分けてカウントしている。論調が判定しがたいものは不明、ラーメン二郎仙台店へのリプライを入れていないアカウントに言及しているものは該当者なしに分類している。該当者なしについては、リプライを受けて投稿を削除した場合も含まれている可能性がある。

きませんでした。すべての投稿で互いに自分の意見を言いっ放しのままやりとりが終わっています。Twitterのリプライで異なる意見の人を説得するのはかなり難しいのかもしれません。

4. 攻撃的な投稿・批判的な投稿はリツイートされやすいのか？

では、攻撃的な投稿や批判的な投稿はリツイートされやすいのかどうかを見てみたいと思います。すべての投稿を読んで判別するのは難しいので、攻撃的な投稿・批判的な投稿に特徴的な語のリストを作成し、該当する語を含む投稿を集計する方法で行いました。

PC デポ炎上とラーメン二郎仙台店炎上の投稿データを見比べると、攻撃的または批判的と思われる投稿で使われている語がかなり異なっていました。たとえば、ラーメン二郎仙台店については「豚の餌」という表現を用いている投稿が目につきましたが、PCデポに対しては使われていません。逆に「詐欺」という言葉はPC デポに対する投稿では多いのですが、ラーメン二郎仙台店については使われていません。

まず、両事例に関する投稿それぞれについて頻出語のリストを作成し、そこからコーディング語を設定することにしました。それぞれ品詞別の頻出語リストをテキストマイニングツール「KH Coder」（https://khcoder.net/）（樋口，2014）で作成し、その中から、対象にダメージを与える意図があると解釈できる語や罵倒語を「攻撃的な語」と定義し、批判的な表現として想定できる語を「批判的な語」と定義しました〔表 **3-12**〕。

表 3-12　コーディング語と投稿例（原文ママ）

	PC デポ炎上	ラーメン二郎仙台店炎上
攻撃的な語	アホ/拡散/訴訟/懲戒/通報/閉店/殴る/壊す/殺す/晒す/死ぬ/追い込む/潰す/潰れる/滅ぼす/しぬ/しねる/タヒね/つぶす/つぶれる/やっつける/罰/阿呆/馬鹿/バカ/キチガイ/基地外/池沼/クズ/屑/うんこ/ウンコ/ゲス/やくざ/ヤクザ/ちくしょう/畜生/鬼畜/www/www/上場廃止	クズ/バカ/馬鹿/餌/ゴミ/晒す/死ぬ/潰れる/ゲロマズ/エサ/鼻くそ/池沼/反日/貧乏人/老害/閉店/鼻糞/倒産/クソ/うんこ/ザコ/殺す/キチガイ/基地外/気違い/雑魚/底辺/ガイジ/ぶん殴る/荒らす/消える/臭い
攻撃的な語を含む投稿例	「PC デポは倒産に追い込むべき」 「PC デポが思った以上にクズい商売しててわらた wwww これは全力で叩いて同様な事案を滅ぼすべく規制をかけるべき。うちの親とかも確実に騙されるわ www」	「二郎の店員とかいう豚の餌番ごときが偉そうなこと言ってんじゃねえよ」 「キチガイの妄言笑える w」 「残す奴もゴミだけど、それを自慢げにツイートする店ってのも同じようにゴミだと思うんだけど」
批判的な語	詐欺/恫喝/悪い/怒る/不正/悪質/カモ/騙す/疑惑/悪徳/酷い/脅し/怖い/巻き上げる/やばい/ひどい/失敗/つけ込む/批判/嘘/偽る/被害/痛い/悪行/不要/おかしい/残念/脅す/悪辣/違法/燃料/泣き寝入り/ウソ/闇/恐ろしい/逃げる/まずい/阿漕/嫌/違反/危険	悪い/大嫌い/罰金/痛い/横柄/恥ずかしい/ガチギレ/迷惑/不味い/煽る/常識/残念/無理/嫌い/まずい/汚い/不快/駄目/履き違える/余計/不愉快/異常/未熟/酷い/傲慢/イライラ/だめ/無礼/汚す/言い過ぎ/悪質/過剰/わるい/不適切/下品
批判的な語を含む投稿例	「PC デポを利用してはいけないことだけはわかった。悪質すぎる。」 「客をカモにして、今度自分がカモられる。PC デポの因果応報。」	「あんな陰湿なツイートするくらいなら、罰金や入店禁止の条項でも書いて貼っておいたらどう？」 「気持ちは分かるけど仙台民としてこのツイートは流石に恥ずかしい 地元の評判が下がるようなツイートは辞めてもらえませんかね 普通に RT で流れてきて不快」

表 3-13 は、PC デポ炎上およびラーメン二郎仙台店炎上に関する論調別の投稿比率です。

炎上開始後の全体の投稿を見ると、PC デポ炎上では攻撃的な語を含む投稿は 6.6%、批判的な語を含む投稿は 30.4%、双方を含む投稿は 4.5% でした。一方、ラーメン二郎仙台店炎上では同 12.0%、12.2%、1.4% となりました。PC デポ炎上については、三上（2001）の東芝クレーマー事件の分析や田中（2016b）の東京オリンピックエンブレム盗作騒動の分析と大きな差はありません。一般的な炎上の場合、批判的な投稿は 2〜3 割前後、攻

表 3-13　2事例に関する投稿の論調

		PC デポ炎上		ラーメン二郎仙台店炎上	
		炎上前	炎上開始後	炎上前	炎上開始後
リツイート	攻撃的	0.0%	5.9%	2.5%	4.1%
	批判的	0.0%	32.7%	0.5%	12.1%
	攻撃的かつ批判的	0.0%	4.2%	0.0%	0.7%
リツイート以外	攻撃的	0.5%	8.0%	3.1%	17.6%
	批判的	2.8%	25.6%	0.9%	12.4%
	攻撃的かつ批判的	0.3%	5.4%	0.1%	1.8%
全体	攻撃的	0.4%	6.6%	2.8%	12.0%
	批判的	2.4%	30.4%	0.7%	12.2%
	攻撃的かつ批判的	0.3%	4.5%	0.1%	1.4%

撃的な投稿は1割未満といったところが相場なのかもしれません。

ラーメン二郎仙台店炎上は上記3事例と違い、企業側の擁護派も多く、**図 3-1**（p.85）のようにPC デポ炎上と比べるとそこまで強く非難する人は少ない事例なのでこの結果になったと考えられます。攻撃的・批判的な投稿が炎上の特徴とされていることから考えて、炎上＝攻撃・批判とイメージしていると、いずれの事例もそういった類の投稿は案外少なく見えますが、炎上前と比較すると、PC デポ、ラーメン二郎仙台店ともに攻撃・批判的な投稿の比率が大幅に高くなっています。

リツイートとそれ以外の投稿を比べてみると、両方の事例でリツイートの方が、攻撃的な投稿の比率が低いという結果になりました。一方、PC デポ炎上はリツイートの方が批判的な投稿の比率が高く、ラーメン二郎仙台店の場合はほぼ変わらないという結果になりました。

つまり、この2つの事例からは、①「攻撃的な投稿はリツイートされに

くい」、②「批判的な投稿がよくリツイートされるかどうかは、炎上の内容による」ということが言えそうです。

5. 炎上の時に Twitter で起きていること

炎上の特徴は、**第 1 章**で紹介したロストらの定義（Rost et al., 2016）のように、攻撃的・批判的な投稿が短時間で大量に行われることです。批判的な投稿が 2～3 割というのは、一見その定義を覆すようですが、炎上前と比べると、炎上後の投稿では、攻撃的・批判的な投稿の比率が高くなっていました。一方で、炎上の一般的なイメージにそぐわないような結果もありました。以下、この章の最初に挙げた 2 つの問いから振り返って整理してみましょう。

1 つ目の問いは、「ネットニュースやマスメディアは炎上に対して具体的にどのような役割を果たしているのか」というものでした。

PC デポの炎上では、よく言及された URL のトップ 10 を見てみると、ネットニュース記事がほとんどでした〔p.91，表 **3-4**〕。記事の質は玉石混交で、内容的にフェイクではないかと思われる投稿を裏取りなしでまとめたものも盛んに共有されていることがわかりました。投稿数とメディアの動きの関連を見てみると、PC デポが公式サイトで声明を発表した日が最初のピークですが、その後もヨッピーの記事が公開された日、「netgeek」が Twitter での内部告発をまとめて記事にした日に、投稿件数が目立って増加しており、ネットニュースなど「バズる」情報が出ると、投稿が活発化することが具体的に確認できました。この傾向は、ラーメン二郎仙台店炎上でも同じです。

実際の火事になぞらえて炎上をイメージしてみましょう。燃えるものがすべて燃え尽きてしまえば火は自然に消えます。炎上がTwitterのリツイートで広がっても、批判が出尽くしてしまえば、自然に鎮火します。ですが、もし強い風が吹いていれば、本来なら消えるはずの火が他のものに燃え移り、どんどん火事は拡大してしまいます。炎上の場合、大規模火災における風の役割を果たすのがネットメディアとマスメディアであると考えられます。

また、PCデポ炎上でも、ラーメン二郎仙台店炎上でも、テレビ番組の内容を取り上げたネットニュースの記事が拡散されていることが確認できました。Twitterで話題になったことがネットメディアやテレビで取り上げられるだけでなく、テレビ番組でのタレントのコメントがネットメディアで記事にされ、それがまたTwitterで共有されるという具合に、ソーシャルメディア／ネットメディア／マスメディアで、一つの話題が角度を変えながらぐるぐる回っている構造になっています。この構造によって、炎上は長期化し、規模も拡大していると考えられます。

なぜこんな構造になるのかというと、炎上という話題が人の目を惹きつけやすいからだと考えられます。炎上について、Twitterで「巧いこと」を言うと、「いいね」やリツイートなどの反応がもらえ、まとめサイトやネットニュースであればPVが増えて広告収入が入り、さらに、それだけ人が反応する話題をテレビで取り上げれば視聴率が上がることが見込めます。炎上はネット上の現象としてだけではなく、マスメディアも巻き込んだ現象として捉えるべきでしょう。

2つ目の問い、「攻撃的・批判的な投稿はリツイートされやすいか」については、攻撃的な投稿はPCデポ炎上でもラーメン二郎仙台店炎上でもリ

ツイートされにくく、批判的な投稿はPCデポ炎上ではリツイートされやすく、ラーメン二郎仙台店炎上ではそうではないという結果になりました。特に一般ユーザーの投稿がよくリツイートされていたPCデポ炎上では、リツイート回数が多い投稿に「巧いこと言った」系の投稿が目立ちました。

炎上という現象を遠くから見る時、攻撃的・批判的な意見がタコツボ化して増幅され、ユーザーが理性を失った一種の暴徒のようになっているとイメージしがちです。ですが、この章で整理した2事例では、そのようなイメージとはかけ離れた結果となりました。攻撃的な投稿についてはむしろリツイートされにくく、批判的な投稿についても、ユーザーは是々非々で判断しているのではないかと考えられます。特定の話題に関心を持っている人同士がつながっているクラスタに、彼らの逆鱗に触れるような話題が伝播した場合、お互い煽り合うように攻撃・批判が噴き上がるということはありえますが、炎上参加者全体で見ると、案外冷静なのかもしれないと言えそうです。

では、どういう人が炎上している話題についてネットに投稿し、炎上に参加するのでしょうか。**第4章**では、ウェブモニタ調査の結果から炎上参加者の特徴を見ていきましょう。

コラム3
PCデポに関する２ちゃんねるのスレッド

炎上前～炎上後にかけての投稿内容の変化

第２章、**第３章**で説明したように、大規模な炎上では Twitter と２ちゃんねるが連動していることがしばしばあります。では、PC デポに関する２ちゃんねるの投稿はどのように動いていたのでしょうか。２ちゃんねるは Twitter よりも独特の用語や略称が多く、それらの用語のニュアンスの評価が難しい面もあるため詳細な内容分析は見送り、PC デポの炎上に関してどの「板」にスレッドが立てられていたのかに注目して見てみましょう。

２ちゃんねるや爆サイ.com など大規模な掲示板は、話題のジャンルごとに掲示板を分け、それぞれの掲示板（「板」）の中にスレッドと呼ばれる、特定の話題について投稿する場を設けています。２ちゃんねるの場合、スレッドに投稿できるのは 1,000 件までとなっているので、限度枠を使い切りそうになってきたら新しいスレッドを立てて移動するのが通例です。同じ２ちゃんねるであっても、ニュース系の掲示板、テレビを見ながら感想をコメントする実況系の掲示板、趣味の掲示板などでまったく文化が異なることがあります。もっと言うと、同じ「ニュース速報」というくくりの中でも掲示板ごとにその文化は異なります。

２ちゃんねるのアーカイブサイト「ログ速」（https://www.logsoku.com/）で、スレッドタイトルに「PC デポ」を含み、かつ 100 以上の投稿（レス：レスポンスの略）がついていたものを検索し、炎上前、炎上中、炎上後に分けて、どのタイプの掲示板〈1〉にスレッドが立てられていたかまとめたものが次頁の図です。ログ速はすべてのスレッドを収載しているわけではないので、かなり欠けもありますが、傾向の違いは読み取れると思います。

ログ速に保存されていた上記の条件に当てはまるスレッドのうち、もっとも古いものは 2004 年 12 月に最終更新となっている「PC デポとゆかいな仲

〈1〉掲示板タイプは、「パソコン一般」「AV 機器」「自作 PC」「家電等量販店」などパソコンや家電に関する掲示板を「専門板」、「ニュース速報」「ニュース速報＋」「ニュー速（嫌儲）」などを「ニュース速報系」、「市況 1」「ビジネス news＋」などを「ビジネス系」、「なんでも実況 J」（なん J）などを「その他」とした。

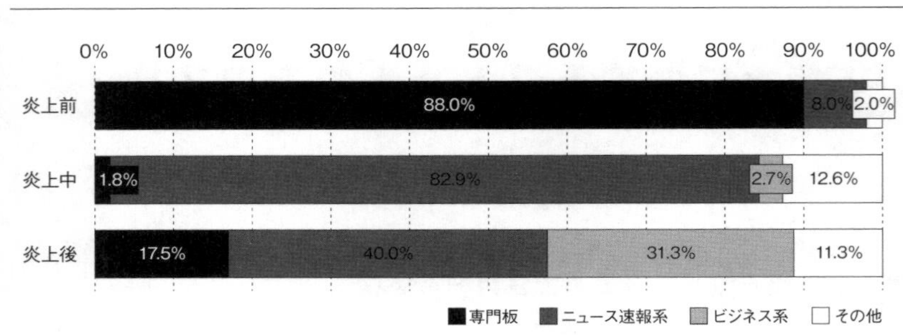

図1　掲示板タイプ別のPCデポ関連スレッドの比率（ログ速収載分）

間たち　たぶんPart6」(「パソコン一般板」)でした。おそらくPart1からPart5までもあったと考えられますが、ログ速のアーカイブには入っていません。ちなみにこのスレッドは2004年1月に立てられ、ほぼ1年かけて975レスがついています。内容はさまざまですが、PCデポの従業員や元従業員が職場への不満を投稿したり、顧客と思われる人々が要望や質問を投稿しているのが目立ちます。顧客が従業員をいたわる投稿もありました。基本的にはゆっくりしたペースでやりとりがつながっています。このように、パソコンに関する掲示板を中心に、炎上が起きる前月に当たる2016年7月までに計50スレッドがログ速に残っています。月あたりで言うと0.6スレッドとなります。

一方、炎上した2016年8月は381スレッド、翌9月も70スレッドとスレッドの数が跳ね上がります。特徴的なのが、炎上前はパソコンや家電に関する「専門板系」が88.0%、「ニュース速報系」が8.0%だったのに対して、炎上中は「専門板系」が1.8%、「ニュース速報系」が82.9%と大幅に比率が変わっていることです。「ニュース速報系」は、ネットニュースなどのURLがスレッドの最初に貼られ、基本的にはそのニュースに対する意見を投稿していくタイプの掲示板です。これらの掲示板では投稿の量が多く、数時間程度でスレッドが使い切られているものが目立ちました。もちろん内容はPCデポの炎上についてであり、PCデポに対する批判や意見が投稿されていました。炎上の話題は2ちゃんねるでしばしば盛り上がりますが、ニュース速報系の掲示板が特に大きな役割を果たしていると言えそうです。

炎上後については、2016年10月から2020年7月までをカウントしたところ、計80スレッド、ひと月あたり2.2スレッドとなりました。炎上前よりもひと月あたりのスレッドが増えています。また、炎上中ほどではありませんが、炎上前と比べると「ニュース速報系」の掲示板や「ビジネス系」の掲示板の割合も増えています。

炎上後のスレッドのタイトルを見ると、他社が高齢者に割高のmicroSDカードを販売したことが話題になった時に「どこのPCデポだ」と引き合いに出されたり、PCデポの他のプランや設定サービスなどが不当に高額なのではないかと示唆したりする内容が多いようです。炎上前もこうしたスレッドは1件だけ確認できましたが、一度大きな騒動になったためにPCデポが注目されやすくなり、その結果、「専門板系」以外でも話題にされやすくなったと考えられます。

炎上後の企業イメージ

企業の炎上の場合、騒動がいったん終息したら、それで終わりというわけにはいきません。特に大規模な炎上を起こし、消費者の間に広く悪いレピュテーションが形成されてしまうと、炎上が収まったあとでもネガティブな文脈で注目を集めやすくなってしまいます。このような状態がいつまで続くのか、どのくらい企業活動に影響するのかは今後の検討が必要ですが、炎上の影響の一つとして、意識しておく必要がありそうです。

第4章　炎上に参加する人々

1. どのような人が炎上に参加しているのか？

炎上した対象が（社会的に）よくないことをしたと考える人は、ネット上に批判を投稿する人だけではありません。**第2章**では、テレビのニュース番組で炎上を認知した人は、そうでない人よりも炎上の対象を非難する傾向があると紹介しました。炎上の対象を非難する態度は、テレビのニュース番組を通じて、その対象を知った人にも広く形成されていると考えられます。また、**第3章**で紹介したように、ウェブモニタ調査で炎上した企業への意見を訊ねると、多くの人が炎上した会社が悪いと評価していました〔p.85，図 **3-1**〕。

ですが、実際にネットに批判を投稿する人はごく少数です。**第1章**で紹介したように、田中・山口（2016）では、同調査の結果から、炎上参加者はネットユーザーのうち0.5%、数十万人程度と推計しています。本書の**第2章**で紹介したウェブモニタ調査（2015年8月実施／n＝945）の結果でも、炎上について検索したことがあると答えた人が15.7%、拡散した経験があると答えた人は2.8%、批判したことがあると回答した人は0.8%でした。文化庁（2017）は、個別面接調査（2017年2〜3月実施／有効回答数2,015人［有効回答率56.5%］）の結果、炎上を目撃した際に投稿や拡散をするかという問いに対して、大体すると思うと答えた人は0.5%、たまにすると思うと答えた人は2.2%だったと報告しています。

では、炎上に参加する少数の人々はどのような人たちなのでしょうか。まず考えられるのは、トラブルになる可能性があっても言いたいことをはっきり言うタイプの人たちではないかということです。炎上している話題についての投稿では、批判的な投稿や攻撃的な投稿の比率が増え、ネットは普段より「荒れて」います。そうした中で投稿すれば、知らない人からいきなり攻撃的に反論される可能性は普段より高くなります。ラーメン二郎仙台店炎上に関する投稿では、店の支持派と批判派で対立が起き、一部では言い合いになっていました。炎上している話題について思うところがあっても、そういうやりとりに巻き込まれたくない人であれば投稿せず、思うところがあり、かつ言い合いになっても構わないという人が投稿しているのではないかと推測できます。

もちろんこれだけでは、炎上についてほとんど説明したことになりません。なぜ炎上に参加するかについては、先行研究である程度論じられています。それらを参照しながら、ありえそうな炎上参加者の特徴を３点絞り込んでみましょう。合わせて、炎上に関連してなんらかの行動（検索・拡散・批判ではない意見投稿）をした人の特徴や、炎上に参加した動機による違いを考えてみたいと思います。

A.「憂さ晴らし」モデル── 経済的状況への不満とストレス

生活がうまくいっていない人が「憂さ晴らし」として炎上に参加しているのではないかという意見は、広く見られます。たとえば、精神科医の香山リカは攻撃的な投稿について「実生活が思うようにいかず、インターネットの投稿で憂さ晴らしをしている人が、特に若い世代で多いのではないか」（日本経済新聞 2015年2月17日）とコメントしています。中川（2009）は、雑誌・ネットニュースの編集者としての経験に基づき、ネットでクレームをつける人々はフルタイムで働いているとは考えにくいほど日中から活発にネット上で活動していることから、定職のない「暇な人」ではないかと示唆しています。同様に、田代光輝・服部哲（2013）も、求職中・失業中で可処分時間に余裕がある貧困層である可能性があると示唆しています。このような見方をまとめて、（社会に恨みを持つ低所得者層による）「憂さ晴らし」モデルと呼んでみましょう。

ですが、炎上参加者は炎上に参加したことがない人よりも世帯年収が低いとする調査結果は今のところありません。田中・山口（2016）は、むしろ炎上参加者（批判経験者）には世帯年収が高い傾向があると報告しています。また、山口（2018）は、一般社員よりも管理職の方が炎上に参加しやすいという分析結果も紹介しています。私の調査（吉野，2016）では、炎上参加経験に対して世帯年収の影響は認められませんでした。少なくとも低所得者層が炎上に参加しやすいわけではなさそうです。

ただし、世帯年収が高いからといって、経済的状況に不満を持たないとは限りません。世帯年収が高くても、出費が多くて生活に余裕がないと感じていることもありえますし、自分の能力ならもっと高い年収を得られるはずだと感じている人もいるでしょう。世帯年収にかかわらず、経済的状況への不満が強い者、経済的状況以外の要因も含めてストレスを溜めている者が炎上に参加しやすい傾向があるかどうか確かめる必要があります。

B.「祭り」モデル——社会的寛容性の低さ

第１章で触れたように、荻上（2007）は、サイバーカスケード（意見が似た者がネット上でつながりを持つことで、意見の先鋭化が起きる現象）が炎上の背景にあると指摘しています。このような現象は、自分と似た意見の持ち主を探しやすく、かつ情報接触を自分の志向に応じてカスタマイズすることが容易なネットのメディア特性から生じやすくなっていると考えられています。

同じく**第１章**で紹介したように、河島（2014）と小峯（2015）は、炎上に関する掲示板やTwitterでの投稿の内容分析を行い、一度批判的な論調に傾くと、流れに逆らって炎上の対象を擁護する意見が書き込まれても、無視されたり反論されたりして批判的な論調が維持されることが少なくないと報告しています。これらの結果を、サイバーカスケードによる意見の強化が発生していると見ることができるでしょう。

ということは、炎上した対象に批判的な投稿をする人々は、同じ意見を持つ者同士で盛り上がることを好み、異なる意見を許容したがらない人々なのかもしれません。周りの人が批判しているから、流されて批判しているとも言えます。

ではどうすれば、異なる意見への許容度の差を測ることができるでしょうか。社会心理学などでは心的傾向を測定するための心理尺度というものがよく使われます。孤独感が強いかどうかを測定するために、ストレートに「あなたは孤独ですか？」と質問することもできますが、自分が孤独であるかどうか回答者がぱっと判断できるとは限りません。なにをもって孤独と言えるかどうか戸惑う人も多いと思います。そこで、「私には、頼りにできる人は誰もいない」「私は、ひとりぼっちではない」（回答結果を反転して分析する反転項目）等の設問のセットに対して、「たびたび感じる」「どちらかといえば感じる」「どちらかといえば感じない」「けっして感じない」などの選択肢を提示し、あてはまるものを選んでもらって測定します⑴。心理尺度にはさまざまなものがありますが、異なる意見の許容度については、「社会的寛容性」尺度（小林・池田, 2008）というものがあります。もし炎上に参加する人たちに、多様な意見を許容したがらない傾向があれば、この尺度のスコアが低いのではないかと考えられます。

C.「制裁」モデル――社会認識・社会考慮傾向の高さ

第１章で紹介したように、ロストら（2016）や田中・山口（2016）は、炎上には社会的制裁という側面があると指摘しています。中川（2009）や平井（2012）も、炎上の特徴として、直接的な利害関係のない第三者が批判に

⑴ 例は「改訂 UCLA 孤独感尺度」（諸井, 1991）より。「たびたび感じる」を４、「どちらかといえば感じる」を３、「どちらかといえば感じない」を２、「けっして感じない」を１として統計学的分析を行ったり合算して用いる。反転項目では、「たびたび感じる」を１、「けっして感じない」を４とするなど、回答の値を反転させて用いる。

参加することを挙げています。なぜ利害関係がないのに制裁に参加するのかを考えると、直接的には関わりはなくても、社会の秩序を維持するために制裁に参加しているという説明もできそうです。ということは、炎上の対象を批判したことがある人々は、そうではない人々よりも、社会への意識が高く、社会に対して害となりうる行為に敏感な傾向を持つのかもしれません。

社会に対して害となりうる行為といっても、炎上のきっかけとなる行動の多くは、普通は罪に問われることがあまりないようなものです。コンビニのアイスケースに入ったり、バイト先の食べ物で遊んだりした画像や、来店した著名人の個人情報をTwitterに投稿するといった、個人の炎上のきっかけとしてよくある行動が、刑法によって法的処罰を受けた事例はそれほど多くはありません〈2〉。企業の炎上では、CMの差別的な表現などが問題になったりすることがありますが、これらも法的に罪として問われるものではありません。

炎上のきっかけとなる行為は、社会的規範に反してはいるが、法的には罪に問われにくい行為が多いと言えるでしょう。炎上とは少し異なりますが、少年犯罪〈3〉や、東名高速煽り運転事件（2017年：p.10，**第1章2節**）など、今の法律では行った行為に対して軽い処罰しか見込めないと多くの人が感じるような事件で、加害者やその関係者探しがネット上で過熱することがあります。その意味で、法律では裁ききれない行為が社会に及ぼす悪影響に敏感な人々が、炎上に参加しやすいのではないかと考えられます。

吉田俊和ほか（1999）は、「社会認識」尺度と「社会考慮」尺度を作成し、社会的迷惑の認知のしやすさと両尺度の関連を研究しています。「社会認識」尺度とは、社会の中で法や規則、他者との協力がもつ意味をどの程度重く認識しているかを測る尺度で、規制的社会認識尺度（社会規範をそれぞれが守ることで社会が維持されていると認識しているかどうか）と共生的社会認識

〈2〉炎上の発端となった行為が法的処罰を受けた例としては、しまむら土下座事件（2013年）がある。この事件では、ファッションセンターしまむらにクレームをつけ、店員に土下座させた様子の画像をTwitterに投稿した客が炎上した。後日、店員が被害届を出し、投稿した客は強要罪で逮捕された。

〈3〉安田（2015）は、川崎市中1男子生徒殺害事件（2015年）、大津市中2いじめ自殺事件（2011年）について、加害者や加害者の親族と疑われた無関係の人物に対するネットリンチの詳細を報告している。

尺度（互いに助け合うことで社会が維持されていると認識しているかどうか）の２つの下位尺度から構成されます。「社会考慮」尺度とは社会そのものや、社会を構成する個人と社会のつながりについて考える傾向を測定する尺度です。吉田ほか（1999）は、「社会認識」傾向と「社会考慮」傾向が強い人は、社会的な迷惑行為に敏感であると主張しています。

炎上を、罪に問いにくい行為に対する社会的制裁の一種として捉えるなら、炎上関連行動経験者は、社会に対する意識が高い人たちなのかもしれません。そうであるならば、「社会認識」傾向および「社会考慮」傾向が強い可能性があると考えられます。

では、これら３つのモデルが炎上に参加する人としない人の違いを説明できるかどうか、どうやって確かめたらよいでしょうか。ネット上の行動を調査するのに適しているウェブモニタ調査を使うとしても、ある程度該当者がいないと分析が難しくなります。ですが、先に紹介した田中・山口（2016）の研究にあるように、炎上の対象に批判的な投稿をしたことがあるという経験者はかなり少ないと考えられます。

そこで、二段階に分けてウェブモニタ調査を行いました。１つ目は、一般のウェブモニタを対象として、内容を問わず炎上について投稿した人としていない人の特徴を分析するもの（A）、２つ目は、ウェブモニタのうち、炎上について投稿したことがある人だけを絞り込んで、批判的な投稿経験者と批判以外の投稿経験者の違いを分析するもの（B）です。２つ目の調査では、批判的な投稿経験者がそれなりに確保できますから、動機の違いによる批判的投稿者の中での特徴の違いも分析できそうです（C）。以下、それぞれの結果を見ていきましょう。

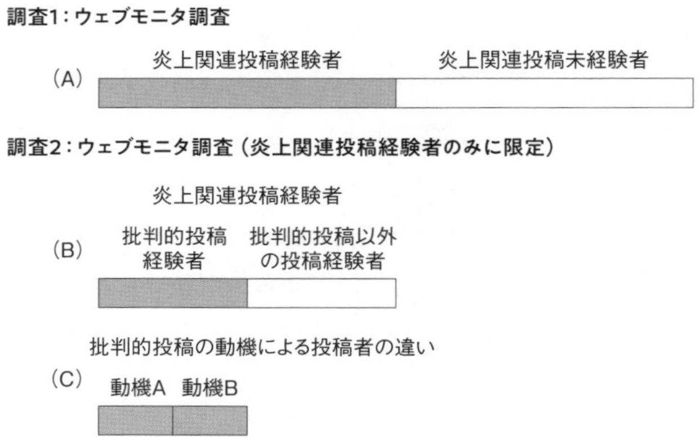

調査1：ウェブモニタ調査

(A)　炎上関連投稿経験者　炎上関連投稿未経験者

調査2：ウェブモニタ調査（炎上関連投稿経験者のみに限定）

炎上関連投稿経験者

(B)　批判的投稿経験者　批判的投稿以外の投稿経験者

批判的投稿の動機による投稿者の違い

(C)　動機A　動機B

図 4-1　ウェブモニタ調査の組み合わせ

2. 炎上について投稿した人としていない人の違い

炎上について投稿した人としていない人の違いを比べるために、2016年7月に、ウェブモニタ調査（n＝1,119）を行いました〈4〉〈5〉。以下、その結果を見てみましょう。

A. 炎上について検索した人、拡散した人、投稿した人の比率

「炎上に関連する情報を検索した」（以下、検索）／「情報を拡散した」（同、拡散）／「炎上している人や組織への批判や、炎上への意見をネットに書き

〈4〉調査は株式会社マクロミルを利用し、対象年齢を18歳以上として年齢の上限は設定せずに2010年国勢調査に基づいて、年代・性別で層化した上で配信を行い、1,240名の回答を得た。回答の正確性が疑われるモニタ121名を除外し、1,119名分を分析の対象とした。調査方法の性質上、全員が習熟したネット利用者であることに注意。

〈5〉本調査データは中央大学安野智子教授の許可を頂いて利用させていただいた。記して感謝します。

込んだ」（同、投稿）頻度を、それぞれ「頻繁に」「ときどき」「1、2回」「したことがない」を選択する形式で訊ねた結果が表**4-1**です。回答者のうち440名（39.3%）が３つの行動のうちいずれかの行動を経験していました。検索したことがあるかどうかを訊ねたのは、炎上に興味を持ち、なんらかの行動をしたことがある人の比率を知るためです。投稿だけで見るならば、批判以外を含めても5.0%と少数ですが、検索まで含めると、ほぼ４割の人が炎上に関連してなんらかのアクションをとったことがあるという結果になりました。

表 4-1　炎上関連行動頻度（n=1,119）

	頻繁に	ときどき	1、2回	したことがない	計
検索	2.9%	17.9%	18.1%	61.0%	100.0%
拡散	0.6%	2.4%	3.3%	93.7%	100.0%
投稿	0.2%	2.2%	2.6%	95.0%	100.0%

炎上関連行動の経験率について、性別ごとに集計すると、検索経験者は、男性で222名（41.7%）、女性で214名（36.5%）、全体で436名（39.0%）となりました。拡散経験者は、男性で49名（9.2%）、女性で22名（3.8%）、全体で71名（6.3%）、投稿経験者は男性で46名（8.6%）、女性で10名（1.7%）、計56名（5.0%）でした。すべての行動で男性の経験率が女性を上回り、特に投稿経験で差が大きくなっていました。

年代別に炎上関連行動の経験率をまとめたのが表**4-2**です。いずれも若い世代で経験率が高いのですが、「検索」経験については50代が31.3%、60代以上も23.6%が行っており、投稿や拡散はしなくとも、炎上に関心を持つ人は中高年層にも広く存在すると考えられます。

表 4-2　年代別炎上関連行動経験率（n=1,119）

	10 代 (n=32)	20 代 (n=179)	30 代 (n=239)	40 代 (n=215)	50 代 (n=208)	60 代以上 (n=246)	全体 (n=1,119)
検索	46.9%	48.6%	49.4%	43.3%	31.3%	23.6%	39.0%
拡散	18.8%	12.3%	7.9%	7.0%	1.9%	2.0%	6.3%
投稿	3.1%	11.2%	7.1%	5.6%	1.4%	1.2%	5.0%
未経験者	53.1%	50.8%	49.8%	56.3%	68.8%	76.4%	60.7%

注）パーセントは各年代での割合。重複があるため、検索から未経験者までの合計は 100%にならない

B．ソーシャルメディア利用率と炎上関連情報認知頻度

どのくらいの人がソーシャルメディアを利用しているのかをまとめたものが表 **4-3** です。

表 4-3　年代別ソーシャルメディア利用率（n=1,119）

	10 代 (n=32)	20 代 (n=179)	30 代 (n=239)	40 代 (n=215)	50 代 (n=208)	60 代以上 (n=246)	全体 (n=1,119)
LINE	93.8%	74.3%	63.6%	45.6%	46.6%	23.6%	50.8%
Twitter	78.1%	53.1%	37.7%	33.0%	23.1%	13.0%	32.3%
Facebook	31.3%	40.8%	41.4%	27.9%	29.8%	19.9%	31.5%
2 ちゃんねる	37.5%	26.8%	31.0%	27.4%	13.0%	6.9%	21.2%
ニュースサイトのコメント欄	6.3%	19.0%	18.8%	17.7%	17.3%	8.5%	15.7%
上記サービスは利用していない	3.1%	8.9%	13.4%	23.3%	24.5%	52.8%	25.0%

総務省（2020a）など他のソーシャルメディア利用に関する調査と同じく、若い世代の利用率が 40 代以上の世代より高い傾向があります。2 ちゃんねるについては、2008 年頃から「2 ちゃんねるの高齢化」「若者の 2 ちゃんねる離れ」と言われていますが（ITmedia, 2008）、現在の 10 代・20 代の利用率はそこまで低いわけではないようです。

投稿するかしないかについては、日頃ソーシャルメディアに投稿しているかどうかが影響すると考えられます。全体では炎上に関連した投稿経験者は5.0%ですが、Twitterの利用者361名のうち投稿経験者は37名(10.2%)、2ちゃんねる利用者237名のうち投稿経験者は35名(14.8%)、さらにTwitterと2ちゃんねる双方を利用している者141名のうち投稿経験者は26名(18.4%)となりました。一方、Twitterも2ちゃんねるも利用していない者662名のうち投稿経験者は10名(1.5%)でした。**第3章**で紹介した炎上事例に関するTwitterの投稿データでも、Twitterで人の興味を惹きそうな投稿が出れば、すぐに2ちゃんねるでもスレッドが立てられたり、2ちゃんねるまとめサイトの記事がTwitterで言及されたりしていました。炎上はTwitterと2ちゃんねるで広がりやすいと言われていますが、別々に広がっているのではなく、互いに参照しあって広がっていることが、この調査結果からも伺えます。

表4-4　メディア別炎上認知頻度(n=1,119)

	よく見る	時々見る	たまに見る	見たことがない	合計
テレビ	5.4%	24.8%	38.8%	31.0%	100.0%
ネットニュース	10.7%	24.6%	31.3%	33.4%	100.0%
Twitter・同まとめサイト	5.9%	11.2%	16.3%	66.7%	100.0%
2ちゃんねる・同まとめサイト	5.9%	10.5%	14.1%	69.5%	100.0%

表4-4は、メディア別の炎上関連情報の認知状況です。認知の有無でみると、テレビでの認知経験者が69.0%、ネットニュースでの認知経験者が66.6%とほぼ変わらない結果となりました。一方、Twitterと同まとめサイトの認知経験者は33.3%、2ちゃんねる・同まとめサイトの認知経験者は30.5%でした。炎上が起きるソーシャルメディアや、ソーシャルメディア

の投稿をまとめた「まとめサイト」で炎上を認知したことがある人は３割、ネットニュースやテレビで炎上を認知したことがある人はほぼ７割と、炎上がメディアによってコンテンツ化されることで多くの人に認知されていることが確認できました。

C．炎上について投稿した人は、社会的寛容性が低く、規範意識が低い

では、炎上について投稿した人は、そうでない人とどこが違うのでしょうか。性別・年齢・学歴・世帯年収・ソーシャルメディア閲覧頻度を加味した上で、炎上について投稿した経験に対する各心理尺度の影響を二項ロジスティック回帰〈6〉という方法で分析した結果が**表 4-5** です。左側は各心理尺度のみ、右側は炎上の認知頻度の回答も加えています。＋はその尺度のスコアが高かった人はそうでない人よりも投稿する確率が高い、－は投稿する確率が低いと統計学的に言えるという印です。

表 4-6 は、分析に用いた各尺度の設問をまとめたものです。設問が複数ある尺度については、合算した値を分析に入れています。

表 4-5 の分析結果を見てみましょう。左側の、性別年齢などの基本属性と各モデルから選んだ心理尺度を入れた分析では、「言語的攻撃性尺度」以外影響関係が認められませんでした。つまり、「衝突する可能性があっても自分の意見をはっきり言う傾向がある人」は炎上に参加しやすいと言えますが、「経済的状況への不満やストレスがたまっている人」「同じ意見の人と盛り上がるのが好きな人」「規範意識が高い人」が炎上に参加しやすいとは、この調査からは言えないという結果になりました。Twitter の投稿データを見ると、はっきり炎上の対象を批判している投稿はむしろ少数派ですから、炎上に関して投稿するかしないかに対して、批判する背景を説明する３つのモデルから選んだ心理尺度の影響が認められなかったのは、納得できるところです。

〈6〉複数の変数の影響を分析する多変量解析手法の一つ。

表 4-5　投稿経験に対する各心理尺度の影響〈7〉

	投稿経験がない人に対して投稿経験がある人の特徴（各心理尺度のみ）	投稿経験がない人に対して投稿経験がある人の特徴（炎上情報接触頻度を追加）
言語的攻撃性尺度	＋	＋＋
憂さ晴らしモデル		
生活満足度（経済的状況）		
ストレス認知頻度		
「祭り」モデル		
社会的寛容性尺度		−
「制裁」モデル		
社会考慮尺度		
社会認識尺度		
規範的社会認識尺度		−
共生的社会認識尺度		
炎上情報接触頻度		
テレビ		
ネットニュース		
Twitter・同まとめ		（＋）
２ちゃんねる・同まとめ		＋＋

表 4-6　分析に用いた設問〈8〉

モデル	心理尺度名	下位尺度	設問
（言いたいことをはっきり言うか）	Buss-Perry 攻撃性尺度（安藤他，1999）	言語的攻撃性	意見が対立したときは、議論しないと気がすまない／誰かに不愉快なことをされたら、不愉快だとはっきり言う
憂さ晴らしモデル			経済的状況に対する満足度（7段階評価） ストレス自覚頻度
「祭り」モデル	社会的寛容性（小林・池田，2008）		「政治や社会のあり方について、次の（1）～（4）の人と意見が食い違う場合、あなたはどのように思いますか」と訊ね、（1）家族（2）親しい友人（3）同僚・同級生（4）ソーシャルメディアでつながっている人と下位設問を示した。回答は、「1．意見は違っていてもよい」から「4．意見は同じ方がよい」の4件法で訊ね、回答を反転した。
「制裁」モデル	社会考慮尺度（吉田他，1999）	社会考慮	社会全体がどのような方向に動いているかということに関心がある
		社会認識（規範的社会認識）	社会を住みよくするためには、法律や規則をもっと厳しくすべきだ／規則や法律を破る人は、社会人としての資格がない
		社会認識（共生的社会認識）	世の中の人は、社会全体が暮らしやすくなるように協力すべきだ

〈7〉記号2つは1%有意、記号1つは5%有意、（ ）は10%有意。分析の詳細は吉野（2018）参照。

〈8〉回答は特記があるもの以外、「まったくあてはまらない」「あまりあてはまらない」「どちらとも言えない」「ややあてはまる」「よくあてはまる」など選択肢を5段階で提示した。複数ある設問は合算して分析に用いた。

ただし、メディア別の炎上情報接触頻度も加えた右側の分析では、少し違う結果が出ました。右側の分析では、炎上情報接触頻度が同じであれば、言語的攻撃性が高い人だけでなく、①社会的寛容性が低い人、②規範意識が低い人は、そうでない人よりも炎上について投稿しやすいということになります。炎上に関する情報にどこでどのくらい接しているかも考え合わせた場合には、意見が似た人同士で盛り上がることで批判が先鋭化していく「祭り」モデルが、炎上に関する投稿をするかしないかをある程度説明できると言えそうです。

ロストら（2016）の研究などでは、炎上には社会的制裁としての機能があると指摘されています。そうであるならば、炎上参加者は炎上に参加したことがない人よりも規範意識が高いことが推測されるのに、炎上に関して投稿した人はそうでない人よりも社会規範を重視しない傾向があるという結果になりました。

なぜこのような結果になったのか、2つ理由が考えられます。1つは先ほども述べたように、炎上について投稿した人々は社会的制裁に参加するために投稿したとは限らないからです。もう一つは、炎上に参加すべきではないという規範もありえるからです。炎上が頻発することによって社会に悪影響が出ていることはそれなりに知られています。規範意識が低いからこそ、炎上に関して自由な意見を投稿しているのかもしれません。

ちなみに、左側の分析でも右側の分析でも、男性であると炎上について投稿しやすいという傾向が一番強く出ました（0.1%有意）。この分析に投入した変数以外で、男女差がはっきりある心理的傾向なり、ネット上の行動なりが、炎上について投稿するかしないかに影響している可能性があります。

3. 批判的な投稿をした人と批判以外の投稿をした人の違い

炎上について投稿するかしないかの分析では、①トラブルになる可能性があっても自分の意見をはっきり言う人、②同じ意見の人と盛り上がることを好む人、③規範意識が低い人が炎上について投稿しやすいという結果になりました。では、投稿した人の中で、批判的な投稿をした人はそうでない人と比べて、どこが違うのでしょうか。

この疑問に答えるために、2016年6月から7月にかけてウェブモニタ調査を行いました。まず20代から50代までを対象として、各年代・性別ごとに2,500名ずつ計2万名を目標としてスクリーニング調査を配信し、計2万2,599名の回答者の中から、「インターネット上の不特定多数が閲覧できるところに炎上事件についてコメントを書き込んだ」ことがあると回答した者に対して、20代・30代・40代計200名ずつ、50代100名計700名を目標として本調査を配信し、728名の回答を得ました。そのうち、回答の精度が疑われる180名とスクリーニング調査と本調査の回答が矛盾している者90名を除外して、453名を分析の対象としました。

A. 投稿経験者における年代・性別ごとの批判経験者の比率

図**4-2**は、この453名に、炎上関連行動を問うた結果を集計したものです。いずれも本章**第2節**で紹介した調査結果よりも経験率がかなり高くなっています。炎上した対象への批判的な行動に相当する「炎上している人や企業への批判をネット上に投稿した」(批判)、または「炎上した人が属する組織や、炎上した企業に直接抗議した」(直接抗議)ことがあると答

えた人は、294 名（64.9%）いました。**第3章**で紹介したように、炎上に関する投稿で批判的なものはだいたい3割くらいという複数の分析結果がありますので、批判したことがあると答えた人が6割を超えているというのは意外でした。内容分析では、特定のタイプの投稿に特徴的なキーワードをリストアップしてそれらが含まれているのかどうかで判定するので、皮肉などの表現は拾いにくい面があるせいかもしれません。

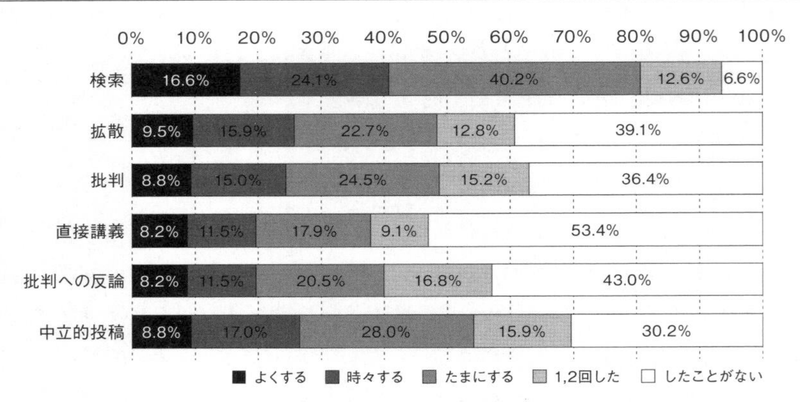

図 4-2　投稿経験者の炎上関連行動（n=453）

興味深いことに、炎上について投稿した人のうち、批判的な投稿をした人を男女別に集計してみると、男性 291 名のうち 64.6%、女性 162 名のうち 61.7% と男女差がほぼありませんでした。

田中・山口（2016）は炎上の参加者（批判経験者）は男性が多いという分析結果を出しています。もう少し厳密にいうと、炎上について投稿した人の中での批判経験者の比率は男女で大きな違いがありませんが、男性の方がより炎上について投稿するので、結果的に批判経験者も男性が多くなっていると考えられます。

一方、年代別に見ると、批判的投稿経験者は20代135名のうち77.0%、30代128名のうち69.5%、40代126名のうち51.6%、50代64名のうち46.9%でした。若い世代の方が炎上について投稿しやすいし、投稿者の中で批判するかどうかを比べても若い世代の方が批判しやすいということになります。

B．炎上に対する態度の違い

炎上について投稿したことがある人のうち、批判経験がある人とない人のどこが違うか、もう少し詳しく見ていきましょう。表**4-7**は、炎上に対するスタンスを問うた設問の回答を、批判的経験がある人とない人で分けて集計したものです。強調した部分は、統計学的に見て回答者が多いと判断できる箇所〈9〉です。

批判的投稿の経験がある人の方が、「炎上で誰かを叩いても、罰せられることはない」「炎上には、社会正義としての意味がある」「炎上しても、たいして影響はない」という提示文について、「とてもそう思う」「ややそう思う」を選択した人の比率が高いことが目立ちます。「グルーポンスカスカおせち」事件やPCデポ炎上のように、一種の消費者運動として炎上が盛り上がることもありますから、すべての炎上にまったく社会正義としての意味がないとは言えませんが、炎上で誰かを叩いているうちに裁判で責任を問われたり、炎上した側が大きなダメージを負うことはしばしば起きていることです。

間違ったことを投稿した人に間違いを指摘する正当な批判もありますから、批判＝悪いことではありません。仮にネットで他人を批判できないようにしてしまうと、誤情報やデマ、フェイクニュースまみれのネットになってしまうでしょう。ですが、ネットでの投稿に伴う責任や影響力につ

〈9〉クロス集計による調整済みの残差が1.96以上。

表 4-7　批判経験の有無による炎上に対する態度の違い

	批判的投稿経験	とてもそう思う	ややそう思う	どちらとも言えない	あまりそう思わない	まったく思わない
炎上するのは常識がないからだ	あり	20.8%	36.1%	22.2%	14.9%	5.9%
	なし	14.5%	32.7%	39.4%	11.5%	1.8%
炎上で誰かを叩いても、罰せられることはない	あり	11.8%	23.6%	36.1%	20.8%	7.6%
	なし	6.1%	12.7%	41.8%	29.7%	9.7%
炎上には、社会正義としての意味がある	あり	10.4%	31.6%	33.3%	17.4%	7.3%
	なし	4.8%	17.0%	37.6%	25.5%	15.2%
炎上しても、たいして影響はない	あり	6.9%	22.6%	34.4%	25.7%	10.4%
	なし	3.0%	13.9%	34.5%	29.7%	18.8%
ネット上で誰かが叩かれるのを見るのは面白い	あり	7.6%	22.2%	34.7%	26.0%	9.4%
	なし	3.6%	17.6%	39.4%	22.4%	17.0%

いて誤った認識を持ったままソーシャルメディアを利用することは決して良いことではありません。炎上の害を抑制するには、炎上に参加することで罰せられることもあること、炎上の対象となった人に重すぎる制裁が発生していることを啓発し続けていくことが有効かもしれません。

C．批判経験者は、批判経験のない投稿者よりも社会的寛容性が低く、規範意識が高い

批判経験がある投稿経験者と批判経験のない投稿経験者の違いを、3つのモデルから説明できるでしょうか。**表 4-8** は、投稿経験者の中で批判経験（批判的な投稿をしたか、直接抗議したか）がある人とない人の違いを二項ロジスティック回帰で分析した結果です。省略していますが、本章**第 2 節**と同様に性別・年齢・学歴・世帯年収・ソーシャルメディア閲覧頻度も分析

に加えています。心理尺度に関する設問については、表**4-6**のものに加えて、社会考慮尺度に「社会の中で、自分はどのように行動すべきなのか考えることがある」、共生的社会認識尺度に「一人ひとりの人間が、他人に対して配慮すれば社会はよくなる」という設問の回答も追加しています。

各心理尺度のみのモデルでも、炎上関連情報接触頻度を追加したモデルでも、批判経験者は①「社会的寛容性」尺度の得点が低い、②「規範的社会認識」尺度の得点が高い、③「共生的社会認識」尺度が低いという傾向が出ました。つまり、投稿経験者の中で比べると、批判的な投稿の経験者は、①同じ意見の人と接することを好む、②規範意識が高い、③世の中は助け合いで成り立っているとは考えていない傾向があるということになります。

表 4-8　批判経験の有無に対する各心理尺度の影響（投稿経験者）

	投稿経験者の中で批判経験がある人の特徴（各心理尺度のみ）	投稿経験者の中で批判経験がある人の特徴（炎上情報接触頻度を追加）
言語的攻撃性尺度		
憂さ晴らしモデル		
生活満足度（経済的状況）		
ストレス認知頻度		
「祭り」モデル		
社会的寛容性尺度	‒ ‒	‒ ‒
「制裁」モデル		
社会考慮尺度		
社会認識尺度		
規範的社会認識尺度	+	++
共生的社会認識尺度	‒ ‒ ‒	‒ ‒ ‒
炎上情報接触頻度		
テレビ		++
ネットニュース		‒
Twitter・同まとめ		(+)
2ちゃんねる・同まとめ		++

一方、経済的状況に関する生活満足度やストレス認知頻度には特に傾向は認められませんでした。投稿経験者の中で批判経験の有無を説明するのに、「憂さ晴らし」モデルは妥当であるとは言えませんが、「祭り」モデルと「制裁」モデルには一定の妥当性があると言えそうです。

興味深いのは、②「規範的社会認識」尺度の得点が高い一方、③「共生的社会認識」尺度の得点が低いことです。「共生的社会認識」尺度(「世の中の人は、社会全体が暮らしやすくなるように協力すべきだ」「一人ひとりの人間が、他人に対して配慮すれば社会はよくなる」)は、互助によって社会が維持されるべきであると考えているかどうかを問うものです。自発的な互助で社会が維持されているとは考えておらず、ルール違反をした人を罰しないと社会が成り立たないと考えるからこそ、炎上の対象を批判するのかもしれません。

4. 炎上の対象を批判した動機

では、炎上の対象を批判したことがある人たちは、どのような動機で批判しているのでしょうか。「炎上している人や企業への批判をネット上に投稿した」(批判)、または「炎上した人が属する組織や、炎上した企業に直接抗議した」(直接抗議)ことがある294名にその理由を訊ねた結果が、図**4-3**です。設問は、BIGLOBEの「ネット炎上に関する意識調査」を参考に作成しました〈10〉。「相手に忠告したかったから」という理由は、炎上=バッシングというイメージにそぐわないかもしれませんが、BIGLOBEの調

〈10〉調査は、15歳~82歳の男女1,288名に対して2016年5月に行われたもので、ネット炎上に参加するつもりで投稿した経験があると答えた者76名に対し、炎上に参加した理由を複数選択式で訊ねている。回答者が多い順に、「不正や不公平と感じたから」57%、「親切心から忠告してあげたいと思ったから」38%、「誰かが投稿した批判の内容に共感したから」37%、「自分・身内や他人を批判から守りたいと思ったから」22%、「話題となった芸能人・有名人の投稿や行動を見るとイライラするから」22%、「話題となった企業が腹立たしいから」21%、「ネット上でお祭り騒ぎになっていたので参加したくなったから」17%、「匿名で誰かを批判して、スカッとしたかったから」9%となっている(BIGLOBE, 2016)。

査でも本調査でも案外多くの人が該当すると答えています。実際、**第3章**で紹介したラーメン二郎仙台店炎上の投稿データでは、食べ残しを防止するために、客にボリューム感がわかるよう食品サンプルを置いた方が良いといったアドバイスを店のアカウントにしているリプライもいくつかありました。

「あてはまる」「どちらかと言うとあてはまる」を選択した批判経験者の比率がもっとも大きかったのが「他人の批判に共感したから」の50.0%、次いで「相手が間違ったことをしたから」の49.7%となっています。一方、憂さ晴らしで叩いているケースを想定して設定した「誰かを叩いてスカッとしたかったから」は22.8%でもっとも少ないという結果になりました。

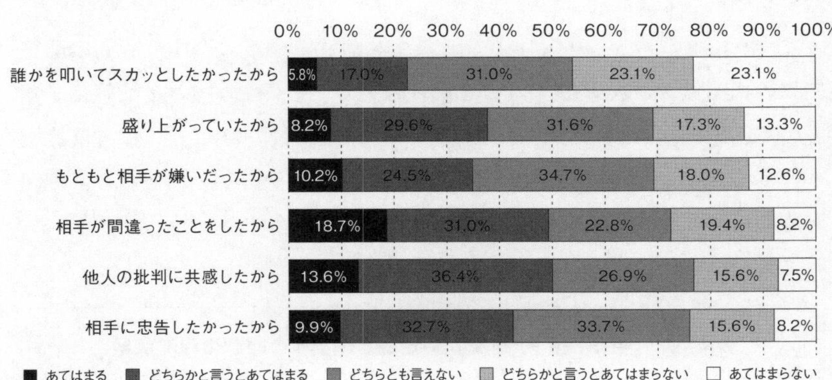

図 4-3 「炎上」の対象を批判した理由(n=294)

A.「祭り」型動機と「制裁」型動機

図**4-3**の回答結果に対して、複数の設問の回答を共通する因子にまとめる因子分析という分析を行ったところ、2つの因子に分かれました。1つ目の因子は「誰かを叩いてスカッとしたかったから」「盛り上がっていたから」「もともと相手が嫌いだったから」で構成され、2つ目の因子は「相手が間違ったことをしたから」「他人の批判に共感したから」「相手に忠告したかったから」で構成されていました〈11〉。

1つ目は、「盛り上がっていたから」が入っているので、**第1章**で説明した炎上の「祭り」としての側面に対応していると考えられます。これを「祭り」型動機と呼びましょう。2つ目は「相手が間違ったことをしたから」が入っているので、同じく「制裁」としての側面に対応していると考え「制裁」型動機とします。

2つの動機の強さ（因子得点）と、炎上に対する態度に関する設問の回答結果の相関係数が表**4-9**です。相関係数とは、関係性の強さを数値化するもので、1に近いほど正比例、0に近いほど無関係、−1に近いほど反比例ということになります。社会科学では、相関係数が0.3を越えると、相関が認められるとするのが通例となっています。

表4-9 「祭り」型・「制裁」型動機と炎上への態度の相関係数

	「祭り」型動機	「制裁」型動機
炎上するのは常識がないからだ	.153**	.466**
炎上で誰かを叩いても、罰せられることはない	.330**	.249**
炎上には、社会正義としての意味がある	.266**	.304**
炎上しても、たいして影響はない	.307**	.099
ネット上で誰かが叩かれるのを見るのは面白い	.412**	.218**

〈11〉「祭り」型動機の参加者と「制裁」型動機の参加者に分かれるのではないことに注意。2つの動機は一人の参加者の中で併存しており、「祭り」型動機が強く「制裁」型動機も強い参加者、「祭り」型動機が強く「制裁」型動機は弱い参加者、「祭り」型動機が弱く「制裁」型動機は強い参加者、「祭り」型動機が弱く「制裁」型動機も弱い参加者が考えられる（後述）。

「祭り」型動機と正の相関がある回答は、「炎上で誰かを叩いても、罰せられることはない」「炎上しても、たいして影響はない」「ネット上で誰かが叩かれるのを見るのは面白い」、「制裁」型動機と正の相関があるのは「炎上するのは常識がないからだ」、「炎上には社会正義としての意味がある」となりました。「祭り」型動機が強い人は、炎上した場合の被害も炎上に参加するリスクも軽視する傾向があり、誰かがバッシングされているのを面白がる態度も強いと考えられます。「制裁」型動機の方は、炎上を起こした者を非難する態度や、炎上を社会正義として肯定する態度が強いようです。

B.「祭り」型動機・「制裁」型動機と各心理尺度

では、先ほどの3つのモデルから設定した心理尺度〔p.131，表**4-6**〕や炎上に関する情報接触頻度は、炎上参加の動機の強さにどのように影響しているでしょうか。表**4-10**は、批判動機の強さ（因子得点）に対する各心理尺度の影響を重回帰分析で分析した結果です。省略していますが、本章**第2節**と同じように性別・年齢・学歴・世帯年収・ソーシャルメディア閲覧頻度も分析に加えています。

「祭り」型動機が強い人は、「祭り」モデルから想定した社会的寛容性が低く、「制裁」モデルから想定した規範的社会認識尺度が高い傾向があるという結果になりました。つまり、周囲と同じ意見で盛り上がることを好み、社会を維持するためには規範を守るべきであり、守らない者は排除すべきだという意識が強い人々と考えられます。

「制裁」動機が強い人は、「制裁」モデルから想定した社会のあり方を意識しているかどうかを測る社会考慮尺度と、規範的社会認識尺度が高いという特徴が出ました。社会への関心の高さとルールは守るべきだという考えの強さにより、炎上した者が社会規範から逸脱していると認識しやすくなり、規範を逸脱した者として批判する要因になっていると考えられます。

表 4-10　批判動機に対する各心理尺度の影響

	「祭り」型動機（各心理尺度のみ）	「祭り」型動機（炎上情報接触頻度を追加）	「制裁」型動機（各心理尺度のみ）	「制裁」型動機（炎上情報接触頻度を追加）
言語的攻撃性尺度		+		
憂さ晴らしモデル				
生活満足度（経済的状況）		+	−	(−)
ストレス認知頻度		(+)	+	+
「祭り」モデル				
社会的寛容性尺度	− −	−		
「制裁」モデル				
社会考慮尺度		−	+ +	+ +
社会認識尺度				
規範的社会認識尺度	+ +	+	+ + +	+ + +
共生的社会認識尺度		−		
炎上情報接触頻度				
テレビ		(+)		−
ネットニュース		(−)		
Twitter・同まとめ		(+)		
2ちゃんねる・同まとめ		−		

「制裁」動機が強い人には、経済的状況に関する生活満足度が低く、ストレス認知頻度が高いという、「憂さ晴らし」モデルから想定した特徴も出ました。炎上やネットでの攻撃的な投稿は、社会への不満の捌け口だという解釈は広く見られるものの、学術的な検討では、この解釈を直接支持する結果は報告されていませんでしたが、「制裁」型動機が強い批判経験者は、「憂さ晴らし」モデルから想定される人物像に近い特徴を持っていることが示唆されたと言えます。

川嶋伸佳ほか（2012）は、ミクロ公正感・マクロ公正感と社会的不平等に対する抗議行動の関連を郵送法による調査（2009 年 2～3 月，n＝1,398）のデータから研究しています。ミクロ公正感は、自分自身の処遇が公正であると評価しているかどうかを測定する尺度で、マクロ公正感とは社会システム全体が適正だと評価しているかどうかを測定する尺度です。分析の結果、ミクロ公正感が低い人、すなわち自分は公正に評価されていないと感じている人は、社会的不平等に対する規範的抗議行動や反規範的抗議行動を行う可能性が高くなるとしています。

経済的状況に不満があるということは、自分は現状よりも高い収入に値するはずだと評価していることでもあり、川嶋ほか（2012）の言うミクロ公正感が低い状態に近いと考えられます。「制裁」型動機の強さに経済的状況への不満が影響しているのは、自分は正当に評価されていないと感じている人は、社会的公正を求める傾向が強くなり、炎上した者を規範に背いた者として非難しやすくなると考えられます。

興味深いのは、「憂さ晴らし」モデルを想定して設定した「誰かを叩いてスカッとしたかったから」という批判理由は、「制裁」型動機として名付けた因子には含まれなかったことです。「制裁」型動機が強い人は、経済的状況への不満があり、ストレスも溜まっている自覚があるので、いかにもこの批判理由が当てはまりそうです。ですが、相手が間違っている、自分は正しいという前提のもと社会的制裁として批判しているので、叩くことでストレスを発散しようとしているとは逆に認めにくいのかもしれません。

5. 炎上参加者は「普通」の人たち

本章では、炎上への参加（批判的投稿）を説明するモデルとして、「憂さ晴らし」モデル・「祭り」モデル・「制裁」モデルの３つを整理した上で、2

つのウェブモニタ調査のデータを元に、①ウェブモニタの中で、投稿経験者は非経験者と比べてどのような特徴を持つか（第2節）、②投稿経験者の中で、批判的な投稿をしたことがある者はどのような特徴を持つか（第3節）、③批判理由のタイプによる個人特性の違い（第4節）を紹介しました。

①投稿経験者と投稿をしたことがない人を比較すると、投稿経験者は、言語的攻撃性が高く、「祭り」モデルから想定される社会的寛容性が低いという結果になりました。さらに、規範的社会認識傾向は低いという結果も出ました。炎上に関する投稿経験者は、自己主張が強く、多様な意見を受け入れるよりも、自分と似たような意見をもつ者と交流することを好み、また規範意識は低い傾向があると推測できます。

②炎上関連投稿経験者に対する批判的な投稿経験者の特徴は、社会的寛容性が低く、社会的制裁モデルから想定される規範的社会認識傾向が高い一方、共生的社会認識傾向が低いという結果になりました。似た意見の持ち主と交流することを好み、規範意識は高いが、互助によって社会が支えられているとはあまり考えていない傾向があると考えられます。

③因子分析の結果、批判的な投稿の動機は「祭り」型と「制裁」型に分かれました。「祭り」型動機が強い者は社会的寛容性傾向が低く、「制裁」型動機が強い者は社会考慮傾向が高いという結果になりました。さらに、「制裁」型動機が強い批判的投稿者には「憂さ晴らし」モデルから想定される特徴（経済的状況への不満とストレスの自覚頻度の高さ）も出ました。

つまり、「祭り」モデル・「制裁」モデル・「憂さ晴らし」モデルのうちどれか一つが正しいわけではないということです。「祭り」モデルで、炎上の投稿経験の有無・投稿経験者の中での批判的投稿経験の有無・「祭り」型動機による批判的投稿を説明できますが、「制裁」モデルでも投稿経験者の中での批判的投稿経験の有無を説明でき、「憂さ晴らし」モデルも「制裁」型動機による批判的投稿を説明できます。

これらの結果から、炎上について投稿する人たちは、一種の社会的な活動として炎上に参加しているのではないかと推測できます。「祭り」モデルから見ると、炎上はネット上のコミュニティなり、ネットワークなりが盛り上がることで一体感を醸成し、一種の共同性を仮構しようとする活動と参加者にみなされていると考えられます。「制裁」モデルから見ると、炎上は規範を逸脱した者を制裁し、社会を維持する社会的な活動として参加者にみなされているでしょう。

「はじめに」では、中学生がコンビニのアイスケースに入った画像をTwitterに投稿したことを、その中学生ともコンビニとも無縁であり、利害関係もない人々が批判するのが奇妙だと例示しました。この調査の結果からみると、「祭り」型動機が強い批判者は、批判者同士で盛り上がるために批判し、「制裁」型動機が強い批判者は、アイスケースに入った中学生を規範に反する行動をとった者とみなし、社会規範を維持するために批判しているという説明になるでしょう。

第1章では、炎上した人が過大な制裁を受けており、国内でも自殺者が出ていることを紹介しました。炎上の害に焦点を当てると、炎上への参加は逸脱的な行動として捉えられやすくなります。典型的には「憂さ晴らし」モデルのように、社会への不満を抱き、関係ない人をバッシングして憂さを晴らしている、病んだ人たちというイメージです。

ですが、本章の結果からは、炎上について投稿した者、炎上した者をネット上で批判した大多数の者は、炎上した者を憂さ晴らしとして叩いているというよりも、社会的活動の一環として炎上に参加していると推測されます。**第3章**で紹介したように、炎上に関する攻撃的な投稿の比率は低く、また攻撃的な投稿はリツイートされにくいことから、少なくともTwitterの投稿者のうちのほとんどの人に攻撃的な投稿は支持されていません。

テレビや新聞で、炎上やネットの誹謗中傷の被害を取り上げる時、暗い部屋でモニタの光に照らされた謎めいた人物が攻撃的な投稿をしているなど、炎上参加者をことさらに病んでいる人物として演出しているのをよく見かけますが、大多数の炎上参加者はそうした人物像とはかけ離れています。そうした番組や記事で、ネットの投稿に関する啓発が行われても、炎上に実際に参加している人は自分のことだと思えず、啓発を他人事として受け止めてしまいがちになってしまうかもしれません。

では、たくさんの「普通の人」が参加している炎上は、どのような影響力を持っているのでしょうか。次章では企業が炎上した事例を中心に考えてみたいと思います。

コラム 4
誹謗中傷する人はどんな人か

ごく少数ですが、炎上した人や企業に対して執拗に誹謗中傷を行う人がいます。2014 年に国内で初めて Twitter の投稿に対する発信者情報の開示請求を行うなど、ネットの誹謗中傷案件を多く手がけていらっしゃる弁護士の清水陽平先生に、誹謗中傷者にはどのような傾向があるのかをうかがいました。あわせて、誹謗中傷に対して法的措置を取る際の負担や、ネットでの誹謗中傷の抑止になにが必要かもお話いただきました。

清水陽平
2004 年早稲田大学法学部卒業。2007 年弁護士登録、都内法律事務所入所。2010 年法律事務所アルシエン開設。著書『サイト別　ネット中傷・炎上対応マニュアル』(弘文堂)、『企業を守る ネット炎上対応の実務』(学陽書房) ほか多数。

炎上する人、させる人

――本日はよろしくお願いいたします。田中辰雄・山口真一『ネット炎上の研究』(2016) では、女性より男性が、年収が低い人より高い人の方が炎上に参加しやすいという調査結果が出ています。一方、清水先生は『企業を守る ネット炎上対応の実務』(2017) で、誹謗中傷で訴えられた人には炎上参加者一般と異なる特徴があると示唆されています。具体的にはどのような特徴があるのでしょうか。

清水　一番大きな違いは、誹謗中傷をする人は、最初から攻撃する意図を持っているということです。炎上の場合は社会に関心があるからいろいろ発信しているわけですが、誹謗中傷だと正に「この人を攻撃しよう」という風に思ってやっているわけですね。

——ピンポイントでやると。たとえばママ友仲間とか…？

清水　それもありますね。あとはネットで目について気に食わないからとか、そういう理由で始まります。Twitterや掲示板で盛り上がっているうちに行き過ぎた言動をしてしまうというのもあります。

ですから、暇な人たちじゃないとなかなかやらないですね。正規雇用の仕事についていない人が圧倒的に多いです。主婦ということもあります。

若年層よりは30～40代。50代60代もいるので、30～60代と言った方がいいかもしれません。だいたいそれくらいの年齢の男性が多いです。また、高齢者の場合は投稿が過激になる傾向があるかもしれません。自分の世界観と違うものに対して拒否反応が強いという印象があります。

総数で見ると男性が多いですが、男女比はサイトごとで異なります。Twitterならやや男性が多い程度、Instagramだったら女性の方が多い、（掲示板の）「爆サイ」、「ガールズちゃんねる」、「ホスラブ」や「アメブロ」も結構女性が多いです〈1〉。ヴィジュアル系バンドのファンが集まる「V系たぬき」（https://v.2ch2.net/visualtanuki/i/）も女性ですね。

概してネットリテラシーが低い方が多く、そもそもネットを使わない方が良いのではないかと感じることもあります。

——その人たちはなぜ誹謗中傷をしてしまうのでしょうか。

清水　一つは自分なりの正義感、それが一番やっかいなところかなと思っています。

あとは、誰かを批判することで上に見られたいということでしょうか。批判すれば（批判した対象よりも）上になるじゃないですか。そういうところで優越感にひたりたいということも少なからずあるのではないかと思います。

——炎上した対象を批判する人たちの動機を分析したら、周りがやっているから批判する「祭り」型動機と、間違ったものを糺(ただ)したい「制裁」型動機と2タイプに分かれました。「制裁」型動機の方は誹謗中傷にも通じるのかもしれませんね。

〈1〉「ガールズちゃんねる」（https://girlschannel.net/）は2012年に開設された女性向け大規模匿名掲示板。「ホスラブ（ホストラブ）」（http://www.hostlove.com/）は2001年開設のホストクラブを中心にした風俗業界向け大規模匿名掲示板。その他の掲示板についてはコラム1（p.32）参照。

訴えるコスト、訴えられるコスト

——誹謗中傷に対して訴える場合、どのような負担がありますか。

清水　手続きにかかる時間的な負担と費用の負担があります。

まず、時間的な負担についてですが、投稿が書き込まれたサービスの事業者に開示請求を行い、投稿者のIPアドレスを出してもらうまでに1~2ヶ月弱。出てきたIPアドレスをもとにインターネットサービスプロバイダに開示請求をして、契約者がわかるまで4~6ヶ月、長い時には8ヶ月くらいかかります。費用は弁護士によって違いますが、通常、50万円~100万円はかかると思います。それだけお金をかけても必ず特定できるわけではありません。

また、訴えるということは精神的な負担も大きいです。たとえば、会社の中で起きたことが書き込んであったりすると、社内の誰かが投稿しているんじゃないかと疑いますよね。普段、親しくつきあっているこの人がひょっとしたら書いているかもしれないと思うと、外出すら怖くなって、うつ病のような状態になってしまう人もいらっしゃいます。開示請求が巧くいっても相手が誰なのかわかるまでに1年近くかかり、その間ずっとそういう状況が続くわけですから、かなりの負担です。

——では訴えられた側の負担はどうでしょう。

清水　民事裁判の場合だと、プロバイダへの開示請求が通った時点で権利侵害が行われていると裁判所が一応認めていることになりますから、負けることが多いです。

ネット上の書き込みであっても、公共性・公益目的・真実性があれば違法性はなくなるんですが、先ほどもご説明したように投稿者の特定までには相当の時間を要します。実際に問題となっている書き込みがされてから、1年以上の時間が経過している場合も多く、真実性を証明する証拠が消えているということも考えられます。

訴えられた側が弁護士に依頼する場合は、これも弁護士によって異なりま

すが、一般的には、原告からの請求額が300万円以下だと請求額の8%が着手金、報奨金は請求から減額できた額の16%が相場です。ネット上の誹謗中傷に関する案件の場合、慰謝料は30～60万円くらいが多いですね。

――刑事事件として訴えられた時はどうなるのでしょうか。

清水　刑事告訴が受理されたら、まず捜索差押え、いわゆるガサ入れというものが自宅や会社に行われます。逮捕されることはあまりありませんが、スマホやパソコンを押収して解析し、任意取り調べをしていくことになります。処分は半年から1年以内くらいで出ることが多いですね。

あとで返してもらえるにしてもスマホやパソコンがしばらく使えなくなる、日程調整はできますが任意取り調べで拘束が発生する、取り調べ自体が精神的にきつい、というあたりが主な負担になります。

初犯だと起訴猶予が多いですが、罰金になることもあります。罰金は30万円が多いです。

――逮捕されなくても、スマホやパソコンの中身を把握されたうえ、問い質されるのは精神的にきつそうですね。

過ちを繰り返さないために

――誹謗中傷を抑止するには、法律を変えていく必要もあるのでしょうか。

清水　法律の問題じゃないような気がするんですよね。

小学校とか中学校くらいの道徳教育だと思います。ネットの場合、目の前にいない人だから、いくらでも言えるということは少なからずあると思います。ネット上で特定の個人や企業を攻撃することは、目の前にいる人を傷つけるのと同じことだ、ということがそもそもわかっていない人が多いなという印象があります。

炎上にしても同じです。2013年に「バカッター」型の炎上が流行り、2018年末から2019年初めに再び流行るということがありました。その直後に学校で講演をしたのですが、生徒たちはみんな2013年に流行した時の「バカッター」を知らないんですね。Twitterをはじめ、ネットへの投稿がどういうふうに拡散するのか、そこからどんな影響が生まれるのか、知識がないから、遊びの延長で似たようなことを繰り返してしまう。それを防ぐには教育しかないと思います。

――適切な教育を行うためには、今後も調査・研究が必要ですね。本日はありがとうございました。

インタビューを終えて

以前よりもネットでの誹謗中傷の告訴が報道されることが増えています。ただし、さまざまなハードルを越えて勝訴となっても、中傷を受けた側の苦しみがなくなるわけではありませんし、中傷を受けたことがネットに残ることもあります。なるべく誹謗中傷が起こりにくい社会にしていかなければならないと改めて感じました。このインタビューは2020年2月に行ったものですが、その後、ネットでの誹謗中傷が原因と言われている木村花さんの自死事件（2020年5月）も起きています。

総務省は2020年4月から「発信者情報開示の在り方に関する研究会」を開催し、発信者情報に電話番号を含めることや、現在は開示請求と本裁判で2回必要な裁判を1回で完結できるようにすることなどを検討すると中間とりまとめで発表しています（総務省，2020b）。このような法的手続きの改正と同時に、どのような投稿が誹謗中傷に相当するのか、社会的な合意の形成と啓発も必要だと考えます。

第5章

炎上は企業の評判にどう影響するのか

ここまで、炎上の概要と社会的背景（**第1章・第2章**）、Twitterでの炎上に関する投稿の特徴（**第3章**）、炎上参加者の特徴（**第4章**）を見てきました。この章では、企業広報の問題として、炎上が企業に対する消費者の評価や行動にどのくらい影響するのかを考えてみたいと思います。

1. 企業のレピュテーションと炎上

企業広報にとって、炎上が怖いのは、単にネットに批判を投稿されるだけでなく、それらの投稿や報道を目にした人たちの間で、レピュテーションの低下が起きることがあるからです。企業への印象が悪くなると、その企業の商品やサービスを利用したい気持ちが弱まって業績が落ちたり、業績が落ちるだろうという予測によって株価が下落したりする可能性があります。**第1章**（p.6）で紹介したように、企業が炎上し、マスメディアで報道された場合、株価が有意に下がるという研究結果があります（Adachi & Takeda, 2016）。**第3章**でTwitterの投稿を分析したPCデポ炎上（2016年）では、株価が半減していました（p.87）。バイトテロ型の炎上に関しても、翌月の売上高が数％下がったという報道もあります（白井, 2019）。

ただし、実際にどれくらいの人が炎上した企業に対して悪い印象を形成し、その企業の商品やサービスを避けるなどの行動をしているのかはよくわかっていません。この章では、複数の企業の炎上事例についてウェブモニタ調査（2020年）を行い、炎上認知者の評価や反応を見てみたいと思います。

加えて、炎上以前のレピュテーションの高さ・低さが、炎上への評価に影響しているかどうかも調べてみたいと思います。**第3章**で紹介した「ラーメン二郎仙台店」炎上の例では、同店やラーメン二郎のファン、食べ残した客の方に不快感を持った人々が同店を擁護する投稿を行い、メディアの報道もバッシングというより「賛否両論」という報じ方になっています。ファンが同店への批判を和らげるクッションの役割をしていた可能性があります。ラーメン二郎のようなファン文化がなく、ネットで評判が悪い飲食店が同じような投稿をしたら、もっと一方的に叩かれていたかもしれません。

ということは、そもそも良好なレピュテーションが構築されていれば、企業が炎上しても一方的に批判されるかたちにはなりにくいかもしれません。炎上の内容にもよりますが、その企業に好感を持っている人ならば、企業の事情を斟酌（しんしゃく）して受け止め、批判的な意見を投稿するとしても苦言を呈する程度に留める、場合によっては擁護したり企業を励ましたりすることもありそうです。

とはいえ、信頼が裏切られたと感じて、逆に激烈な批判をすることもありえなくもありません。反応がどちらになるかは、事例によっても異なりそうです。ですが、もし、日頃からよいレピュテーションを構築していれば、炎上した際に評判が落ちにくくなるのであれば、企業にとって、よいレピュテーションを構築することは、炎上対策の一つとなると考えられます。

2. 2020年調査の概要と主な結果

企業の炎上事例に対する評価を調べるために、20代から60代の男女を対象として2020年8月にウェブモニタ調査(n=1,205)を行いました[1]。回答者の属性は表**5-1**の通りです。

表5-1 回答者属性

	20代	30代	40代	50代	60代	計
男	98	115	125	117	132	587
女	102	133	118	123	142	618
計	200	248	243	240	274	1,205

まず回答者のソーシャルメディア利用状況と、ソーシャルメディアに関する啓発をどのくらいの人が受けているのか、炎上に関する認知経路と行動経験を見てみましょう。

A. ソーシャルメディア利用状況と利用啓発経験

代表的なソーシャルメディアの利用状況が表**5-2**です。いずれも利用したことがない人は152名(10.4%)でした。これまでの調査と同じく、LINEがもっとも利用頻度が高く、次いでTwitterとなっています。2016年に行った調査〔p.128, 表**4-3**〕では、ソーシャルメディアを使っていない人は25.0%でした。2016年調査では60代以上では23.6%だったLINEの利用

〈1〉調査はGMOリサーチのモニタを利用した。2015年国勢調査に基づいて20代～60代を対象に年代・性別で層化して配信を行い、1,324名の回答を得た。回答の精度が疑われるモニタ119名を除外し、1,205名分を分析の対象とした。調査方法の性質上、全員が習熟したネット利用者であることに注意。

率がこの調査では67.2%になるなど、高齢者のソーシャルメディア利用率が上がっているようです。

表 5-2　主要ソーシャルメディア利用状況（n=1,205）

	ほぼ毎日	週に何度か	月に1・2回	ほとんど利用していない	利用したことがない
LINE	50.7%	16.2%	4.4%	4.0%	24.7%
Twitter	28.4%	11.6%	4.6%	4.8%	50.5%
Facebook	11.2%	10.5%	5.4%	9.7%	63.2%
Instagram	19.5%	7.7%	3.4%	3.0%	66.4%
2ちゃんねる	4.6%	5.7%	4.1%	10.4%	75.1%

社会全体で炎上の被害を抑止するためにはソーシャルメディア利用に関する啓発が重要だと考えられます(コラム4)。ソーシャルメディア利用に関してまとまった知識を得る機会があったかどうか、勤務先などにソーシャルメディア利用に関するガイドラインがあるかどうかを訊ねた結果が表**5-3**です。

表 5-3　ソーシャルメディア利用に関する啓発経験（n=1,205）

Q. ソーシャルメディアのリスクについて、学んだことはありますか（n=1,205）（複数回答）		Q. 現在、あなたか所属している組織（職場や学校）に、ソーシャルメディア利用に関するガイドラインはありますか（n=777）	
学校の授業で習ったことがある	5.9%	ある	22.7%
学校で講演を聞いたことがある	3.2%	ない	51.5%
職場で研修を受けたことがある	8.3%	わからない	25.7%
個人で講演を聞いたり本を読んだことがある	6.5%		
特に学んだことはない	80.2%		

ソーシャルメディアのリスクについて「特に学んだことはない」と答えた人が約８割、所属先にソーシャルメディア利用に関するガイドラインが「ない」または「わからない」と答えた人も約８割〈2〉と、まだまだ啓発が十分ではないことがうかがえます。

では、具体的なリスクの認知はどうなっているのでしょうか。**表 5–4** は、代表的なソーシャルメディアのリスクを知っているかどうか、複数回答で訊ねた結果です。個別のリスクの認知率についてはそこまで低くはありません。リスクを認知した経路については訊ねませんでしたが、マスメディアやネットメディアで、ネットでの名誉毀損や誹謗中傷に関する裁判の話題など、ソーシャルメディアのリスクにまつわるトピックが報じられることもありますし、断片的にリスクを認知している人はそれなりにいると言えます。

表 5–4　ソーシャルメディア利用リスク認知率（n=1,205）

匿名で投稿しても、誰が投稿したのか突き止められることがある	65.4%
過去の言動や個人情報を勝手に晒されることがある	49.0%
ネットで騒動を起こすと、所属先から処分を受けることがある	34.9%
ネットで騒動を起こすと、企業から損害賠償を請求されることがある	44.7%
ネットで騒動を起こすと、いつまでも悪い評判が残り就職などに差し支えることがある	33.4%
ネットで誹謗中傷や名誉毀損をすると、民事裁判で訴えられることがある	57.4%
ネットて誹謗中傷や名誉毀損をすると、逮捕されることがある	51.7%
この中に聞いたことがあるものはない	18.3%

ただし、いずれのリスクも十分認知率が高いとは言えません。もっとも認知率が高い「匿名で投稿しても、誰が投稿したのか突き止められること

〈2〉現在所属先がないと答えた人を除いた 777 名に対する比率。

がある」(65.4%)でも、逆に考えると3割以上の人は、匿名の投稿なら誰が投稿したのかわからないとみなしているか、そもそも特に考えたことがない状態とも言えます。ソーシャルメディアの仕組みを把握した上で利用していくよう、啓発していくことがまだまだ必要そうです。

B. 炎上に関する認知と行動経験

続いて、炎上に関する認知率と認知経路、行動経験率も見てみましょう。**第2章**で2015年の調査(p.64)、**第4章**で2016年の調査(p.126)の結果を紹介していますが、大きく変わっているところを比較してみたいと思います。

まずは炎上に関する認知率です〔表**5-5**〕。一般人・有名人・企業に分けて炎上の認知率を聞いたところ、一番多いのは有名人の炎上で64.6%、一番低いのは企業の炎上で32.7%となりました。

表5–5 タイプ別炎上認知率(n=1,205)

一般人	44.6%
政治家や芸能人など有名人	64.6%
企業	32.7%
認知者合計	74.5%

表5–6は炎上の認知経路です。2015年の調査では、「テレビのバラエティ番組」で見たことがある人が50.4%、「テレビのニュース番組」が28.5%でしたが〔p.65, 図**2-3**〕、今回の調査では「テレビのニュース・情報番組」が51.8%、「テレビのバラエティ番組」が32.0%と、ニュース・情報番組で知った人の比率が増えて、バラエティ番組の比率が減っています。2016

年の調査では番組ジャンルは指定せずに「テレビ」で認知したかどうかを訊ねて、69.0%という結果でした。選択肢の表現を変えたことが影響しているのかもしれませんが、2015年当時より、バラエティ番組で芸人などが炎上をネタにすることが減り、一方でニュース・情報番組で取り上げられることが増えているのかもしれません。いずれにしても、炎上の認知にテレビが大きく関わっていることには変わりがないと言えます。テレビに続いて多いのがネットニュース、その次にTwitterと2ちゃんねるという順序も変わっていません。

表5-6　炎上の認知経路（n=1,205）

テレビのニュース・情報番組	51.8%
テレビのバラエティ番組	32.0%
ネットニュース	46.7%
Twitter	24.0%
2ちゃんねる・5ちゃんねる	11.8%
2ちゃんねる・5ちゃんねるまとめサイト	8.0%
覚えていない	2.7%
その他	0.2%

表5-7は炎上に関連した行動経験です。2016年の調査では、検索経験者39.0%、拡散経験者6.3%、投稿経験者5.0%となっていました〔p.127，**表4-1**〕。今回の調査では投稿を3つのタイプに分けていますが、拡散またはいずれかのタイプの投稿をしたことがある人は重複を除いて5.0%となりました。検索経験者が20%近く減っているのが気になりますが、拡散・投稿については、大筋変わっていないようです。

表 5-7　炎上の関連行動経験（n=1,205）

検索したことがある	21.3%
拡散したことがある	2.3%
批判されている側への意見をネットに投稿したことがある	2.6%
批判されている側への批判をネットに投稿したことがある	1.7%
騒動全体や批判している側への意見をネットに投稿したことがある	1.7%
家族や知人など身近な人と話したことがある	23.3%
炎上を知っているが上記の行動をしたことはない	35.4%

今回の調査では、炎上について身近な人と話したことがあるかどうかも訊ねてみたところ、3割以上の人が話題にしたことがあると回答しました。リアルでの会話という、ネットの投稿分析では検知することができないところで、悪評が伝わっている可能性があります。

C. 企業の炎上全般に関する結果

では、企業の炎上を知った人たちは、消費者としてどのように反応しているのでしょうか。**表5-8**は企業の炎上全般について訊ねた設問の回答結果です。4割強の人が、炎上によって印象が悪くなったことがあると答え、その企業の利用を避けたり、避けるよう周囲に伝えたりしたことがある人を合わせると、企業の炎上認知者に対して20.8%（重複を除く）と小さくない比率となりました。

ではどのような企業が、商品購入やサービス利用を回避されたり、回避するよう勧められたりしたのでしょうか。どちらかの行動をとったことがあると答えた82名に、対象となった企業の業態を訊ねた結果が**表5-9**、その理由を訊ねた結果が**表5-10**です。

表 5-8　企業炎上認知者の反応（n=394）

その企業への印象が悪くなったことがある	42.9%
その企業の商品やサービスを利用するのを避けたことがある	18.3%
その企業の商品やサービスを利用するのを避けるよう、周りの人に伝えたことがある	6.6%
あてはまるものはない	49.0%

表 5-9　回避した／回避するよう勧めた企業のタイプ（n=82）

食品や飲料メーカー	52.4%
飲食店	45.1%
芸能事務所や映画会社などエンタメ関連	35.4%
コンビニなどの小売店	29.3%
化粧品などの日用品メーカー	24.4%
家電、雑貨など専門小売店	17.1%
宅急便や郵便局など運輸関係	14.6%
その他	3.7%

食品メーカーが52.4%、飲食店が45.1%と、食にまつわる商品やサービスを提供している企業が回避されていることが多いという結果になりました。食の安全に直結するだけに、避けられやすい傾向があるのでしょう。

さらに、回避した／回避するよう勧めた理由も訊ねました〔表**5-10**〕。目立つのは「その企業が信頼できなくなったから」（72.0%）ですが、「企業の対応が不十分だったから」も39.0%と少なからぬ比率の人が合てはまると答えています。

表 5-10　回避した／回避するよう勧めた理由 (n=82)

その企業が信頼できなくなったから	72.0%
炎上の内容が不快だったから	46.3%
企業の対応が不十分だったから	39.0%
批判に共感したから	30.5%
なんとなく	7.3%

第６章で企業の炎上対応に必要なことを考えますが、まずは信頼を回復できるようなコミュニケーションと、炎上を知った人に不十分と感じさせないような対応を目指すべきだと言えそうです。

企業の対応については、対応が良いと思ったことがあるかどうか、悪いと思ったことがあるかどうかも複数回答で訊ねてみました。対応が良いと思ったことがある人は企業の炎上認知者のうち 20.3%、悪いと思ったことがある人は23.9%、特に気にしたことはないと答えた人は64.0%となりました。約４割の人が炎上後の企業の対応をしっかり見たことがあるということになります。

良い対応だと思った理由、悪い対応だと思った理由も自由回答で訊ねたところ、以下の回答が得られました。良いと思った理由としては、「公式サイトに炎上問題の経緯や謝罪、今後の対応策などをまとめた文書を載せる企業は法務部門などがきちんと機能してるのだなと感心する（30 代女性）」、「自社のアルバイトが行ったバカ騒ぎでも自社の責任と認めて謝罪しているところが良い（60 代男性）」、「再発防止の取り組みが適切（30 代男性）」、「問題行動を起こした従業員への対応などを丁寧に説明した（40 代男性）」、「何があったのかを隠さず明らかにし、その後の対応などをきちんと説明したこと（40 代女性）」、「素直に謝罪したり、生じたことの経緯を詳細に説明し

ているのを目にした時（20代女性）」といったコメントがありました。

悪い対応だと思った理由としては、「謝罪より弁明と保身が目立ってしまった（50代男性）」、「謝罪文の削除（30代男性）」、「謝罪だけで、適切な対応をしていない（60代男性）」、「とかげのしっぽきりで矢面に立たない（20代男性）」、「炎上で感情を抑えきれなくなった世間に対して、炎上元の企業が謝罪したこと。企業が特に悪いわけではないのに、謝罪してしまうと、ますます世間の感情を煽り立てることになる（20代男性）」、「謝罪の内容が所謂『謝罪になっていない謝罪』だったり、何故炎上したのか理解していない内容だった（20代女性）」、「『不快に思うような表現をしてしまい申し訳ない』『不快に思ったなら申し訳ない』といったような、実は謝罪していないし、何が企業として悪かったかを明確に言わず、広告を消す行為を行ったこと（20代女性）」といったものがありました。

なにが悪かったのか具体的に説明する、責任をとる、再発防止の取り組みなども具体的に説明するといったところがポイントでしょうか。企業の炎上対応については、**第6章**でまた詳しく見ていきたいと思います。

3. 個別事例への反応

前節では、企業の炎上全般に関する回答者の評価や反響などを紹介しました。それでは、バイトテロや広告の炎上など、企業が炎上した個別事例に対する認知や評価、行動はどうなっているのでしょうか。

A. 個別事例の認知率と反応

表 5-11 は、調査時点（2020 年８月）から過去５年以内に起きた炎上から、ある程度炎上のタイプを網羅できるように選んだ事例（バイトテロ：無添くら寿司および大戸屋、広告［ジェンダー表現］：資生堂、広告［ステルス・マーケティング］：ウォルト・ディズニー・ジャパン、ハラスメント：カネカ）について認知率を訊ねた結果です。

表 5-11　企業炎上事例の認知率（n=1,205）

企業名	回答者への提示文	認知率
バイトテロ：無添くら寿司	回転寿司チェーンで、ゴミ箱に捨てた食材をまな板の上に戻したアルバイトの動画（2019 年）	24.2%
バイトテロ：大戸屋	定食屋チェーンで、アルバイトがお盆芸をする動画（2019 年）	14.1%
広告（ジェンダー表現）：資生堂 (INTEGRATE)	25 歳になった女性が「もう女の子じゃない」「もうチヤホヤされない」などと言われる化粧品の CM（2016 年）	6.7%
広告（ステマ）：ウォルト・ディズニー・ジャパン「アナと雪の女王 2」	海外アニメ映画のステマ（2019 年）	5.6%
ハラスメント：カネカ	大手メーカーの男性社員が育休取得後に転勤を命じられ、退職に追い込まれた（2019 年）	9.5%

この調査では、回答者には直接企業名を挙げずに訊ねています。設問は、回答者の負担を減らすため、「企業の炎上を認知したことがある」と回答したモニタのみに提示しています。「企業の炎上を認知していない」と回答しても、実際に説明文を読めば思い出すこともありえるので、モニタ全員に提示していた場合は、もっと高い認知率となった可能性があります。

ほぼ同時期に起きたバイトテロ型の無添くら寿司の事例と大戸屋の事例を比べると、大戸屋の認知率は無添くら寿司の６割程度という結果になっています。この差については、大戸屋の炎上対応が早く、Twitter への投稿

件数が抑制されたからと考えられます（服部，2019）。この大戸屋の炎上対応の詳細は**第6章**（p.182）で説明したいと思います。

表5–12　企業の炎上事例認知者による行動率（複数回答）

	利用を避けた	ネットで企業を批判した	ネットで企業を擁護した	特になにもしていない
無添くら寿司（n=292）	10.3%	1.7%	0.7%	87.7%
大戸屋（n=170）	12.4%	2.9%	2.9%	83.5%
資生堂（n=81）	6.2%	3.7%	4.9%	84.0%
ウォルト・ディズニー・ジャパン（n=67）	7.5%	3.0%	1.5%	88.1%
カネカ（n=115）	0.0%	5.2%	0.0%	94.8%

表5–12は、各事例を知っていると答えた人のうち、どれくらいの人が行動したかを集計したものです。バイトテロ型に相当する無添くら寿司と大戸屋については「利用を避けた」と答えた人が1割を越え、資生堂とウォルト・ディズニー・ジャパンについては数%となっています。カネカは基本的にはＢtoＢ企業なので、利用を避けたと答えた人はいませんでしたが、ネットで企業を批判したと答えている人の比率が5.2%と、他の事例よりも高めになっています。

B．炎上前の各企業への評価と炎上への評価

では、これらの企業の炎上前の評価はどのようなものだったのでしょうか。各事例の認知者に炎上前は良い企業だと思っていたか、問題がある企業だと思っていたか、炎上以前に認知していたかどうかを訊ねた結果が**表5–13**です。

表 5-13　炎上前の各企業に対する評価

	良い企業	どちらかというと良い企業	どちらとも言えない	どちらかというと問題がある企業	問題がある企業	炎上以前は知らなかった
無添くら寿司（n=292）	8.2%	23.6%	39.0%	13.0%	9.9%	6.2%
大戸屋（n=170）	6.5%	23.5%	40.0%	15.3%	8.8%	5.9%
資生堂（n=81）	12.3%	22.2%	53.1%	2.5%	6.2%	3.7%
ウォルト・ディズニー・ジャパン（n=67）	10.4%	16.4%	53.7%	7.5%	9.0%	3.0%
カネカ（n=115）	5.2%	15.7%	35.7%	5.2%	28.7%	9.6%

無添くら寿司／大戸屋／資生堂／ウォルト・ディズニー・ジャパンについては企業への評価には大きな偏りがないのですが、カネカだけ「問題がある企業」と答えた人が28.7%と3割近いのが目に付きます。カネカに関連した不祥事としては、カネミ油症事件（1968年）があります。事件の発生自体は50年以上前ですが、被害者の認定・救済が長年問題となっており、現在も被害者への支援活動がメディアで紹介されることがあります。この事件への対応がカネカの負のレピュテーションに影響している可能性があります。

表 **5-14** は各炎上事例について、企業が悪いと思うかどうかを訊ねた結果です。こちらもカネカの炎上に対する評価は悪く、「企業が悪い」と回答した人は他の事例では数%または3割前後なのに、60.9%に達しています。

興味深いのは、バイトテロ型の炎上にあたる無添くら寿司と大戸屋では、企業を非難している人が少ないことです。「企業が悪い」または「どちらかというと企業が悪い」を選択した人は、無添くら寿司であわせて11.9%、大戸屋で13.6%と低く、バイトテロに関しては、企業に責任があると考えている人はそれほどいないようです。実際、職場でのソーシャルメディア利

表 5-14　炎上に関する各企業の評価

	企業は悪くない	どちらかというと企業は悪くない	どちらとも言えない	どちらかというと企業が悪い	企業が悪い
無添くら寿司（n=292）	24.3%	35.3%	28.4%	9.2%	2.7%
大戸屋（n=170）	24.7%	35.9%	25.9%	11.2%	2.4%
資生堂（n=81）	11.1%	7.4%	28.4%	28.4%	24.7%
ウォルト・ディズニー・ジャパン（n=67）	1.5%	0.0%	38.8%	28.4%	31.3%
カネカ（n=115）	3.5%	1.7%	13.9%	20.0%	60.9%

用についてルールを設けたりしても、当のアルバイトがルールを守らなければ、炎上の発端となるような行動は防ぎようがない面があります。このタイプの炎上については、企業が悪いのではなく、不適切な投稿をする個人が悪いと認識されていると考えられます。とは言え、表**5-12**（p.166）で見たように、結局、企業の商品やサービスの利用を回避した人の比率が高いのはバイトテロ型の炎上です。企業は悪くないと認識されているのに、大きな損害を被りやすいタイプの炎上と言えるでしょう。

一方、資生堂とウォルト・ディズニー・ジャパン、カネカでは「企業が悪い」と答えた人の比率が高くなっています。一番比率が高いカネカでは、「企業が悪い」または「どちらかというと企業が悪い」を選択した人は80.9%となっています。資生堂とウォルト・ディズニー・ジャパンは広告に関連した炎上、カネカは人事に関する炎上です。いずれも飲食店のアルバイトなどよりも責任のある立場の人々が関わる企業活動ですから、そこで問題が起きると、企業に責任があると評価されやすくなると考えられます。

C．炎上前の各企業への評価と炎上後の評価

では、炎上前の企業の評価が高ければ、炎上が起きても非難されにくくなるのでしょうか。

表 5–15 は、各企業の炎上前の評価を行、炎上に関する評価を列としてクロス集計を行ったものです。炎上前はその企業を知らなかった人はどれも該当者が少なく、傾向がわかりにくくなるので除いています。（　）内は、選択肢を選んだ人の実数です。

すべての企業で、炎上前は良い企業だと思っていた人は、他の評価をした人よりも「企業は悪くない」と答えている比率が高く、炎上前から問題がある企業だと思っていた人は「企業が悪い」と答えている比率が高くなっています。相関係数〔p.140，**表 4–9**〕を求めると、無添くら寿司が.287、大戸屋が.358、資生堂が.387、ウォルト・ディズニー・ジャパンが.221、カネカが.317でした。大戸屋、資生堂、カネカについては炎上前の評価と炎上後の評価に相関があると言えます。

ただし、これだけでは炎上前に評判が良ければ、炎上による評価の下落に歯止めがかけられると断言することはできません。相関があるということと因果関係があるということは同じではないからです。とりあえずこの調査結果からは、炎上前の評価と、炎上後の企業の評価には関連がありそうだとは言えそうです。

表 5-15　炎上前の企業評価と炎上後の企業の評価

		企業は悪くない	どちらかというと企業は悪くない	どちらとも言えない	どちらかというと企業が悪い	企業が悪い
無添くら寿司	良い企業（24）	54.2%	25.0%	8.3%	8.3%	4.2%
	どちらかというと良い企業（69）	36.2%	36.2%	8.7%	14.5%	4.3%
	どちらとも言えない（114）	15.8%	39.5%	40.4%	4.4%	0.0%
	どちらかというと問題がある企業（38）	5.3%	39.5%	47.4%	7.9%	0.0%
	問題がある企業（29）	17.2%	27.6%	24.1%	20.7%	10.3%
大戸屋	良い企業（11）	63.6%	18.2%	9.1%	9.1%	0.0%
	どちらかというと良い企業（40）	42.5%	12.5%	5.0%	37.5%	2.5%
	どちらとも言えない（68）	13.2%	8.8%	36.8%	41.2%	0.0%
	どちらかというと問題がある企業（26）	3.8%	11.5%	42.3%	42.3%	0.0%
	問題がある企業（15）	13.3%	20.0%	20.0%	26.7%	20.0%
資生堂	良い企業（10）	30.0%	10.0%	20.0%	20.0%	20.0%
	どちらかというと良い企業（18）	16.7%	16.7%	11.1%	33.3%	22.2%
	どちらとも言えない（43）	4.7%	4.7%	44.2%	27.9%	18.6%
	どちらかというと問題がある企業（2）	0.0%	0.0%	0.0%	100.0%	0.0%
	問題がある企業（5）	0.0%	0.0%	0.0%	20.0%	80.0%
ウォルト・ディズニー・ジャパン	良い企業（7）	14.3%	0.0%	28.6%	14.3%	42.9%
	どちらかというと良い企業（11）	0.0%	0.0%	36.4%	18.2%	45.5%
	どちらとも言えない（36）	0.0%	0.0%	50.0%	33.3%	16.7%
	どちらかというと問題がある企業（5）	0.0%	0.0%	20.0%	40.0%	40.0%
	問題がある企業（6）	0.0%	0.0%	0.0%	33.3%	66.7%
カネカ	良い企業（6）	33.3%	0.0%	16.7%	0.0%	50.0%
	どちらかというと良い企業（18）	5.6%	5.6%	0.0%	16.7%	72.2%
	どちらとも言えない（41）	2.4%	0.0%	31.7%	19.5%	46.3%
	どちらかというと問題がある企業（6）	0.0%	0.0%	0.0%	66.7%	33.3%
	問題がある企業（33）	0.0%	3.0%	0.0%	18.2%	78.8%

4. 炎上と企業への評価

本章では、2020年に行った調査を元に、炎上が企業の評価にどう影響するのかを考えました。

企業の炎上を認知したことがあると答えた人は、調査対象者のうち32.7%でした。そのうち、「その企業への印象が悪くなったことがある」と回答した人が42.9%、「その企業を回避したり、回避するよう周囲に伝えたことがある」と回答した人は20.8%でした。炎上によって企業のレピュテーションが下がったり、その企業の商品やサービスが回避されることがそれなりに起きていると言えます。

個別の事例を見てみると、炎上のタイプによって企業はそれほど非難されていないものもありました。バイトテロ型の炎上である無添くら寿司と大戸屋については、企業が悪いと評価している人は、広告に関連した炎上やハラスメントに関連した炎上といった他のタイプの炎上よりも明らかに少ないという結果になりました。飲食店でのバイトテロ型炎上では、食の安全という観点からその企業への忌避が起こりやすく、売上高が下がるなど実損を被りはしますが、不適切な動画を投稿したアルバイト個人が悪いのであって、企業は悪くないと認識されているようです。

一方で、広告関連の炎上（資生堂／ウォルト・ディズニー・ジャパン）、ハラスメント関連の炎上（カネカ）では、企業が悪いと答えた人の比率はバイトテロ型の炎上よりも高い結果になりました。このような企業活動における炎上については、より企業の責任が問われると考えられます。

炎上前の企業評価と炎上後の企業評価についても、若干の検討を行いま

した。炎上前に良い企業だと思っていた人は、その他の評価をしていた人よりも、炎上について「企業は悪くない」と答えている比率が高く、炎上前の評価は、炎上後の企業の評価にはある程度影響している可能性があります。ただし、本当に影響しているかどうかを判断するには、もっと大規模な調査を行い、企業への評価モデルも精緻化して検討する必要があります。

企業の炎上対応についての自由回答も、一部ですがご紹介しました(p.163〜p.164)。不十分な説明、中途半端な謝罪など、不適切な対応はかえって企業の評価を下げてしまう可能性があります。炎上への適切な対応については、**第6章**で詳しくみていきましょう。

コラム5
Z世代と炎上

ソーシャルメディア・ネイティブの価値観

炎上には、若い世代の方が参加する傾向があると言われています（田中・山口, 2016）。ソーシャルメディアの利用頻度を加味した分析でも、やはり若い世代の方が炎上に参加する傾向が出ます。つまり、同じくらいの頻度でソーシャルメディアを利用している人の間で比べても、若い世代の方が炎上に参加しやすいということになります。なぜなのでしょうか。

「若い人が炎上に参加しやすい」という場合、世代効果（コホート効果）の影響なのか、年代効果（加齢効果）の影響なのかが問題になります。世代効果によって炎上に参加している場合だと、今の若い人たちが年をとっていっても炎上に参加し続けることになります。年代効果の場合は、年をとるにしたがって炎上に参加しなくなるということになります。世代効果とは、育った時期の歴史的背景などによって形成された価値観による影響を、年代効果とは年をとるにつれて起きる価値観の変化による影響を、それぞれ表していると言えます。

では、今の若い人たちはどのような価値観を持っているのでしょうか。北米では、だいたい1990年代後半から2000年代にかけて生まれた世代（2020年で10歳～25歳）をZ世代またはC世代（Computer、Connected、Community などの意味を重ねた造語）と呼んでいます。ネットが普及してから誕生した、ソーシャルメディア・ネイティブです。

アメリカの調査会社ニールセンでは、C世代の特徴として、①部族に属し、表現することでアイデンティティを形成する、②なにをシェアしたかで友達同士の間での地位が決まる、③購入決定にソーシャルメディアでのレビューや評価が影響し、一種の群れ行動のようになっている、④スマートフォンがライフラインとなっている、などの他合計7点を挙げています（Pankraz, 2010）。これらの特徴は2010年時点のアメリカのティーンについて分析し

たものですが、現在の日本国内の若い世代にもおおむねあてはまりそうです〈1〉。

「正しくないこと」に敏感なZ世代

さらにアメリカのZ世代は、社会的正しさについて敏感だとの調査結果もあります（Velasco, 2017）。人々は平等であり、ジェンダーや人種による差別はあってはならないと考えている傾向が強いということです。ネットで情報や意見を共有し、そのことによってアイデンティティを構築する特性があることを考えると、炎上に親和性が高い世代と推測することができるでしょう。たとえば「正しくない広告表現」を見つけたら、ネットに投稿し、拡散することが予想されます。

英米では、2020年にトランスジェンダーに関する発言が問題になったJ. K. ローリングに対する炎上など、「正しくない」ことをした著名人をボイコットする動きが再々起こっています。この動きは改善を要求するのではなく、関係をいきなり切断することから「キャンセル・カルチャー」と呼ばれ、オバマ元大統領がこの風潮を憂慮するコメントをしたこともあります（池田, 2019；Alexander, 2020）。日本でも2020年にAmazonのCMに起用された国際政治学者の三浦瑠麗氏が、以前徴兵制の導入を主張していたからという理由でAmazonプライムの解約運動がTwitterで起きています（ABEMA TIMES, 2020）。

Z世代の特徴として言われていることが、本当に世代効果と言えるのかどうかは時間が経たないとわからない面もあります。ですが、国内でも、広告などのジェンダー表現が再々炎上するなど〔p.12, 表**1-2**〕、「正しくないこと」への感覚がより鋭くなっているのかもしれないと思わせる事例はいくつもあります。もしこの傾向が、ソーシャルメディア・ネイティブの特徴によるものならば、どんどん炎上しやすい社会になってしまうかもしれません。

第3章、**第5章**でみたように、企業などの組織にとっても、炎上のダメージは小さいものではありません。炎上するきっかけとなる言動や表現の範囲が広くなっていくことを想定して備えていく必要があります。

〈1〉日本国内のZ世代に関する分析としては、2017年に行われた調査（16歳～35歳対象／n＝2,824）を元に、ソーシャルメディア利用や価値観、消費傾向から4タイプに分類したものがある（斉藤, 2019）。

第6章

危機管理広報から見た炎上

1. 炎上社会における企業広報の役割

個人の炎上がその後の人生に大きな影響を及ぼすことは想像に難くありませんが、企業にとっても炎上は恐ろしいものです。株価が半減したPCデポ炎上（2016年）のように、炎上によって企業が大きなダメージを受けることがあります。ただし、炎上は一度燃え広がったら手がつけられなくなり、批判されるままになってしまうというものではありません。芸能人のスキャンダルを考えてみましょう。ここ数年、騒動になったスキャンダルを振り返ってみると、トラブルそのものだけでなく、記者会見での発言など炎上後の言動が激しくバッシングされ、復帰するのが難しくなった事例がいくつかあると思います。つまり、似たようなトラブルを起こしても適切な対応をとったかとらないかで、事後のダメージが変わってくる可能性があるということです。

では、どのような対応をすれば万一炎上した場合に受けるダメージを抑えられるのでしょうか。最終章の**第6章**では、企業広報の観点から炎上への対応方法を見ていきたいと思います。

2. 危機管理広報とはなにか

広報（Public Relations）とは、一言で言うと「Public（公衆）との良い Relations（関係性）づくり」です。近代広報の父と呼ばれるリー（Lee, I.）〈1〉は、1906年に起きたアトランティックシティ鉄道事故において、記者たちを現場で取材させ、積極的に事故に関する情報をニュースリリースで開示することで、事故を起こしたペンシルバニア鉄道の評判を回復したと言われています。このように「情報を公開することによって信頼を得る」のが広報の基本的な考え方です。

広報を行うのは企業だけではありません。政治や行政においても広報は大切な活動です〈2〉。たとえば、2020年の新型コロナウイルス問題では、各国の政府の施策だけでなく情報発信も注目されました。第一波の抑え込みに成功した台湾では、日本の厚生労働大臣に相当する陳時中衛生福利部部長が1月下旬以降毎日記者会見を開き、YouTubeで中継しながら記者団の質問に無制限に対応しました。さらに、蔡英文総統もTwitterなどを通じてわかりやすい情報発信を行うなど、国民の合意を形成するための情報発信力が優れていたと言われています。その結果、2018年12月には24.3%まで下がったこともある蔡英文総統の支持率は、2020年5月の世論調査では71.2%まで上昇しています（毎日新聞，2020.5.27）。

一方、同時期の日本では、感染者数や死者数などの被害は他国と比べてそこまで大きなものではなかったものの、内閣支持率は下がり続けました。NHKの世論調査では、2020年2月45%、3月43%、4月39%、5月37%、6月36%となり、5月と6月は不支持率が上回っています（NHK, 2020）。国家が危機に瀕すると、政権支持率は上がることが多いと言われており、英独仏など多くの国で支持率の上昇が見られました。2020年3月に医療崩壊を起こし、罰則つきの大規模ロックダウンを行ったイタリアでもコンテ首相（当時）の支持率は上昇しています。日本の場合はガーゼマスクの全世帯配布などの迷走もありましたが、それ以上に政策を国民に納得してもらうための情報発信すなわち広報が十分ではなかったのではないでしょうか。

〈1〉アイヴィ・リー（1877～1934）。新聞記者を経て、広報コンサルティング会社を設立した。ニュースリリースに代表されるメディア・リレーションズや社内広報など現在の広報活動の基礎を築いた。ペンシルバニア鉄道のほかにロックフェラー家、アメリカ赤十字などをクライアントとしていた。

〈2〉ボスニア・ヘルツェゴビナ紛争（1992～1995）のように、国際広報の巧拙によって内戦の帰趨が決した事例もある（高木，2002）。

企業広報に話を戻しましょう。企業広報の場合、平時は新製品・新サービスや技術開発、CSR・環境保全に関する企業活動や経営理念を社内外に発信していくことが活動の中心になります。一方、製品への異物混入、過労死や各種ハラスメントといった不祥事が発生した際には、ニュースリリースや記者会見などで、不祥事が発生した経緯や今後の対応について情報発信を行う必要が出てきます。不祥事に関する広報活動を、特に危機管理（Crisis Management）広報と呼びます。

不祥事が発生すると、その企業のイメージは当然悪くなります。ですが、適切な危機管理広報を行えば、レピュテーションの毀損を抑えたり、場合によっては、それまでよりも評判が上がることもあります。危機管理広報の成功例としてよく挙げられるのは、ジョンソン・エンド・ジョンソンの「タイレノール事件」（1982年）です。解熱鎮痛剤「タイレノール」に第三者によって毒物が混入され、7名の死者が出てしまいました。ジョンソン・エンド・ジョンソンは製造販売の即時中止と全製品回収を即決し、社長の記者会見を中心にテレビ・新聞を用いた徹底した情報発信を行い、問い合わせ専用フリーダイヤルも設置しました。その後、ジョンソン・エンド・ジョンソンに非がなかったことを明らかにした上で、出荷後の異物混入を防ぐ新パッケージを投入して再発売し、現在もアメリカの解熱鎮痛剤のトップブランドとなっています。

一方、危機管理広報の失敗によって、レピュテーションがさらに毀損してしまうこともあります。雪印集団食中毒事件（2000年）では、食中毒の原因が特定できないまま対応が迷走し、記者会見の場で経営幹部同士が揉める、会見を打ち切って取材陣に追いすがられた社長の逆ギレ発言がテレビに流れるなどの不手際もあって、評判が失墜しました。近年起こった例では、日大アメフト部反則タックル問題（2018年）も挙げられます。日本大学アメフト部監督らの記者会見は十分な説明ができていなかった上に、司会の広報担当者が質疑に介入して記者と言い合いになるなど大騒動となり、日大そのものに関するネガティブな報道も複数行われました〈3〉。この年の日大の入学志願者数は前年に比べて減少し、この事件の影響ではないかと言われています。一方、反則タックルを行った選手自身は、大学に先立って個人で記者会見を行い、公の場で謝罪した上で経緯を具体的に説明したことから同情論が高まり、寛大な処分を求める嘆願書も提出されました。傷害罪で不起訴処分となった後に競技に復帰し、現在は社会人チームで活躍しています。

3. 炎上対応の難しさ

炎上自体、不祥事の一種と言えます。ですが、他の不祥事とは異なる面があります。一般的な不祥事の場合には、ニュースリリースや記者会見を軸として、マスメディアの取材を受けるメディア・リレーションズが危機管理広報の中心的な対応になります。相手は取材活動に慣れているマスコミです。そのため、望ましい対応はある程度定式化されています。一方、炎上の場合は、相手は不特定多数のネットユーザーとなります。多種多様なバックグラウンドを持っており、トラブルの背景に関する知識や情報リテラシーもさまざまです。企業側の対応に相手がどう反応するか、読みきれないところがあるとも言えます。

では、炎上にはどのような対応が望ましいのでしょうか。炎上が発生したが巧く収めたと考えられる事例、対応を誤ってネガティブな影響が拡大

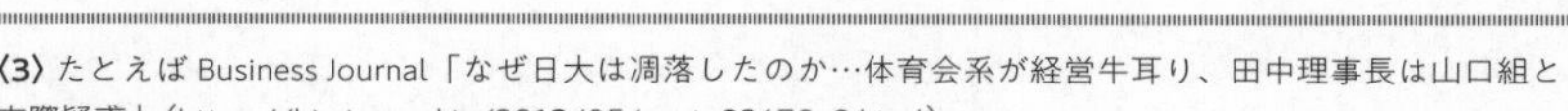

〈3〉たとえばBusiness Journal「なぜ日大は凋落したのか…体育会系が経営牛耳り、田中理事長は山口組と交際疑惑」(https://biz-journal.jp/2018/05/post_23470_2.html)。

してしまったと考えられる事例を見てみましょう。

A．炎上対応に成功した事例

炎上の対応に成功したと考えられる事例は、いくつもあります。小林（2015）では、商品に芋虫が混入していたとするTwitterの投稿に対して、日本チョコレート協会のウェブサイトに言及しながら家庭内でついた可能性が高いことを示して騒動を鎮めたチロルチョコの事例（2013年）と、フカヒレスープの販売中止署名運動に対して、問題がない材料を製品に使用していることを明示した無印良品の事例〈4〉（2013年）が、紹介されています。

両社とも不適切な企業活動をしていたわけではないので、非がないことを適切に示せば、もともと収まる事例とも言えます。ですが、「非がないこと」を多様なネットユーザーにわかるようにすみやかに示すことは簡単なことではありません。ちょっとした説明不足や表現のゆらぎが人々の気持ちを逆撫でしてしまうこともあります。

では、炎上対応に成功したと考えられる事例から、なにがポイントだったのか考えてみましょう。

(1) ローチケHMVのチケットキャンセル騒動（2017年）

2017年9月2日、ローチケHMV（以下、ローチケ）でミュージカルのチケットを購入し、入金もしたのに勝手にキャンセルされたというTwitterへの投稿が注目され、7万9,000回以上リツイートされました。投稿者はチケット代金の領収書やローチケからのメールのスクリーンショット、カスタマーセンターとの電話の書き起こしなども公開し、ローチケの対応を非難するかたちでの炎上となりました。ローチケ側は、投稿内容をもとに店舗を特定し調査した結果、該当する取引がなかったと9月4日に公式サイトで発表、投稿者に直接確認したいと呼びかけました。公式サイトでの

〈4〉当時、フカヒレ目的でサメのヒレだけを切り取ってあとは海中に投棄するFinning漁が残虐だと問題となっていたことから起きた運動。無印良品では、Finning漁ではなく混獲でとれたサメを使っており、ヒレ以外の部位もさまざまな用途に利用されていること、また国際的にも漁獲規制の対象となっていない魚種であることを明らかにし、批判は終息した（小林，2015）。

発表だけでなく、ネットニュースの取材に応え、ローチケ側の認識を報じる記事が９月５日に配信されています〈5〉。翌９月６日、投稿者からの電話で、そもそも入金されていなかった確認がとれたと公式サイトで発表し、同日、投稿者が謝罪の上、以前の投稿をすべて削除したため、炎上は終息しました。投稿者はローチケを攻撃するつもりはなく、チケットが取れなかったことを友人に言い訳しようとして引っ込みがつかなくなったのではないかと推測されています。

この騒動も企業に非はなかったケースですが、最初の投稿に便乗するように、自分もローチケでトラブルがあったと投稿するユーザーが出るなど、レピュテーションの毀損は広がりつつありました。それに対して、ローチケの運営会社は公式サイトでの情報発信だけでなく、Twitterなどで拡散されやすいネットニュースの取材に応えることで、投稿者の訴えに困惑している様子など、公式の告知よりも踏み込んだ情報発信を行っています。また、対応が終始ソフトで、最初の告知では丁寧語で投稿者に呼びかけ、投稿者と確認が取れたことの告知も「皆様にご心配をおかけしましたが、弊社のシステム／サービスに問題がないことを確認いたしましたので、引き続き、安心してご利用いただけますようお願い申し上げます」と結んでいます。

投稿者が証拠を捏造していることは、最初の段階でローチケ側は把握していました。法的措置を含めて強硬に対応することもできた状況です。ですが、そうした対応はたとえ企業の側が正しくても、大企業が消費者の声を潰そうとしているととられ、より批判が過熱し、最終的には投稿者の捏造を証明できたとしても、高圧的な企業というイメージが残った可能性があります。

この事例の場合は、「すばやく、根拠をもって対応した」「顧客に寄り添うかたちでメッセージを発信した」「公式発表では伝えにくいニュアンスをネットニュースの取材に答えることで補完した」ことが、すみやかな鎮火に

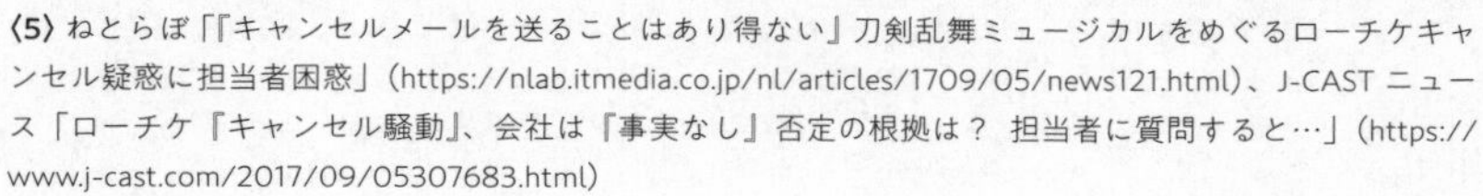
〈5〉ねとらぼ「『キャンセルメールを送ることはあり得ない』刀剣乱舞ミュージカルをめぐるローチケキャンセル疑惑に担当者困惑」（https://nlab.itmedia.co.jp/nl/articles/1709/05/news121.html）、J-CAST ニュース「ローチケ『キャンセル騒動』、会社は『事実なし』否定の根拠は？ 担当者に質問すると…」（https://www.j-cast.com/2017/09/05307683.html）

奏功したと言えます。**第3章**のPCデポの事例で紹介したように、Twitterでは、企業の公式サイトの情報にはそれほど言及されません。消費者に情報を届けるには、拡散されやすいネットニュースの活用も考えるべきだと言えるでしょう。

(2) 大戸屋バイトテロ（2019年）

服部良祐（2019）は2019年2月に起きた、無添くら寿司と大戸屋のバイトテロに対するTwitterの分析を行っています。無添くら寿司の場合は、アルバイトの少年が魚の切り身をゴミ箱に捨ててから、再びまな板に載せる動画が問題になったもので、動画に登場した少年ら3名が偽計業務妨害容疑などで書類送検されています。大戸屋の場合は、いわゆるお盆芸を店内でしている動画がTwitterで発掘され、騒動になったものです。この年の1月下旬から2月にかけて、すき家、バーミヤン、ファミリーマート、セブン-イレブン、ビッグエコーでも同様の騒動が起き、第二次バイトテロブームとも言われています。

無添くら寿司の場合は、2月4日にTwitterに動画が転載され、2月6日に企業が謝罪を発表し、各メディアが謝罪の内容を掲載、2月9日に企業が法的措置を発表という流れになっています。投稿件数のピークは2月9日で、10万4,710件、炎上が収束するまでの14日間で総投稿件数は40万3,147件となっています。大戸屋の場合は、2月16日に問題となった動画がTwitterに転載され、同日企業が謝罪を発表しています。投稿のピークは2月18日の4,084件、炎上が収束するまでの10日間で総投稿件数は1万793件とくら寿司よりはるかに少ない件数で収まっています。

バイトテロで炎上した企業はたくさんありますが、その中でも大戸屋はかなり早い対応をしています。Twitterで動画が話題になった同日に公式サイトで謝罪文を公開〈6〉し、2日後の2月18日には事実確認を行った結果と

〈6〉「当社店舗での不適切な行為とお詫び」（https://www.ootoya.com/news/20190218.pdf）

従業員を退職処分としたことを報告し、再発防止策として、①全従業員向けの勉強会で再教育、②スマートフォンなどをバックヤードから店舗に持ち込まないルールの徹底、③雇用契約書締結時の確認強化を挙げています〈7〉。炎上に対してすべきことをほぼ最速で行っていたからこそ、批判が広がりにくかったのではないかと考えられます。

さらに3月4日には、常勤取締役5名の3月分の役員報酬の10%を減額すること、一部店舗を除いた350店舗で3月12日に一斉休業を行い、従業員の再教育と店舗清掃を行うとIR情報として発表しています。倫理的問題が発生した際、一斉休業をして研修を行うという対応は、スターバックスが2018年に店舗で人種差別があったと批判されたことを受けて、アメリカの全直営店（約8,000店）で行ったことがあります。休業して研修するということは、一日分の売上を犠牲にするということですから、再発防止に真剣に取り組んでいるという強いメッセージになります。

炎上にすばやく対応し、具体的な再発防止策を提示し、企業として責任を取ったという意味で、炎上発生後の危機管理広報として、これ以上のことはなかなかできないのではないかと思います。ただし、それでも業績への影響は避けられず、大戸屋の2019年3月の既存店売上高は前年同月比7.5%減、4月が同5.0%減、5月は同2.7%減となり、この年の株主総会でも株主から指摘が相次いだという報道もありました（白井, 2019）。とはいえ、対応がこじれていたらもっと大きな影響が出ていたかもしれません。

B．炎上対応に失敗した事例

炎上対応に失敗した事例として、**第3章**で取り上げたPCデポ炎上（2016年）を考えてみたいと思います。詳細は既に紹介していますので省略しますが、認知症患者と結んでいた過剰な契約を息子（K氏）が解除しようとしたところ、高額のキャンセル料金を請求されたというTwitterへの投稿

〈7〉「当社従業員による不適切な行為についてのお詫びとお知らせ」（https://www.ootoya.com/news/20190218.pdf）

（2016年8月14日）から発生した事例です（p.85）。ここでは、この炎上でもっともよく拡散された、ヨッピー（2016）の記事を中心に考えてみたいと思います。

この記事はPCデポの契約書の確認にヨッピーが同行した時の様子を中心に、K氏のTwitterへの投稿から騒動となった経緯、同社との具体的な契約内容の評価、従業員へのノルマや契約者側からの早期解約を抑止するしくみなど同社の問題点、他のトラブル事例をまとめています。同行記の部分では、契約書の確認に際して、体調を崩して老人ホームに入居していた契約者（K氏の父親）も同席するよう求められ同店へ連れて行ったところ、まず契約者の本人確認を要求され、結局一度老人ホームに戻って身分証を取ってくることになったこと、その後同席したPCデポ取締役から謝罪と返金の申し出があったものの、態度を硬化させたK氏がもはや金銭の問題ではないとし、交渉が決裂した様子が紹介されています。記事には父親の車椅子を押しながら店舗に向かうK氏の後ろ姿の写真が添えられています。K氏に同情的な立場から書かれた記事と言えるでしょう。

ただし、この記事は一方的にPCデポをバッシングしようとしたものではありません。ヨッピーは同席したPCデポ取締役に企業側の主張も知りたいと追加取材のオファーをし（PCデポ側は取材に応じなかったようですが）、PCデポが目指している「（パソコンやネットに）詳しくない人向けの包括的なサポートサービス」（ヨッピー，2016）自体は、高齢者の生活を豊かにするために必要であるとし、今後高いニーズがあるはずだと最後に強調しています。

注目したいのは、ヨッピーが同行に至る前、8月17日に同社社長からK氏に電話での謝罪があり、本来は20日に社長と対面で話し合いをすることになっていたと書かれていることです。話し合いで丸め込まれるのを恐れたK氏が、PCデポ側に「知人のライター」の同席を求めたところ、ライターであってもなくても第三者の同席は認められないとして社長との話し合いは流れ、8月20日に店舗にて契約書の確認を行うことになり、そこにヨッピーが同行したという流れになっています。

たられば論になってしまいますが、仮に社長が条件をつけずにK氏に会い、しかるべき説明と交渉を行う様子を中心にヨッピーが記事を書いていたならば、PCデポ側の言い分も伝わり、まったく違う内容になった可能性は十分あったのではないでしょうか。そうであれば、記事が与える印象も、炎上の影響の大きさも違ったものになったと考えられます。

トラブルで話し合いをもつ時、相手から第三者の同席を求められるというのはありえることです。東芝クレーマー事件（1999年）でも、「クレーマー」と同社社員に言われた電話音声をネットに公開したA氏と東芝副社長の面会に「週刊朝日」記者が立ち会っています。今後も顧客や従業員による告発型の炎上は発生すると考えられます。対面での交渉となった際、メディア関係者なり弁護士なりの立会いを要求されることもありえますが、それを拒むと余計に問題がこじれる可能性があると言えます。

もちろんPCデポも炎上に対応しています。8月17日に、K氏の父親のような事例が再発しないよう、定額料金を払うことでサポートが受けられるプレミアムサービス会員を対象として、使用状況にそぐわないサービス加入者のコース変更や契約解除を無料にするなどの施策を発表しています。具体的な再発防止策を提示していると言えるでしょう。ですが、8月20日にヨッピーの記事が出た上に、**第3章**で紹介したように悪い材料が他にも次々に出て、新規契約者減や株価の急落を招いてしまいました。

4. どう対応するか ——3つの軸から

ここまで紹介してきたように、炎上後の企業の対応によってその影響は変わってきます。特に初期対応でどのようなメッセージを出すかで炎上の勢いが変わってくる可能性があります。騒動が広がっていく中で、ネットに批判を投稿している人、投稿していなくても企業に対して疑念を抱いている人が納得できるようなメッセージを出せれば、炎上はそこまで拡大せずに、落ち着いていくでしょう。一方、気持ちを逆なでするようなメッセージを出してしまうと疑念が深まり、あとから具体的な対応策を出しても、なかなか信頼してもらえなくなってしまうかもしれません。

企業炎上後の対応としてなにが必要なのか、3つの要素に絞って考えてみましょう。

A．すみやかな対応

騒動が発生した際には、企業としてなんらかの声明を出すことが求められます。2010年代以降の炎上事例の多くは、騒動が発生した翌日、早ければ騒動が発生した当日中に公式サイトで声明を出しています。企業の側から反応がなければ、騒動をスルーするつもりなのかとさらに批判が高まる可能性もありますので、すくなくとも翌日にはなんらかのリアクションを公表したいところです。**第２章**で紹介したUCC上島珈琲の事例のように(p.48)、炎上発生後数時間で取材が入ることもありますから、それに先立って事態を把握しておくことも必要です。

ということは、炎上が広がり始めた時点で検知し、24時間以内をめどに具体的な対応策を決め、実際に公表する文書を作成した上で公開するかどうか責任者が決裁しなければならないということです。炎上発生後、準備もなくその場の勢いで対応すると、不用意なメッセージを発してしまい、余計に炎上が拡大する可能性もあります。危機管理広報では、事前にどういう手続きを取るかシミュレーションし、起こりうるケース別に文案を作ってみるなどの準備が必要です。

バイトテロが起こりやすい飲食チェーンやコンビニなどの小売店、または異物混入などのトラブルから告発型の炎上を招く恐れがある食品関連の企業であれば、こうした準備をされている企業も多いと思います。一方、B to B 企業など比較的炎上が起こりにくい業態の企業では、そこまで準備していないこともあるかと思います。B to B 企業であっても、2019 年にパタハラ告発で炎上したカネカ（p.165，**第 5 章**）のように、労務管理のトラブルで炎上することもあります。また、2016 年に役員のブログ記事が性差別的だと批判されたベアーズの炎上は、どんな組織でも起きうるものです。同業他社が起こした炎上、どの組織でも起きうるタイプの炎上の事例をよく研究して、万一起きた場合に備えておくことが必要だと言えるでしょう。

B．誰にどう謝るのか／謝らないのか判断する

企業が炎上に対応する際には、まずソーシャルメディアの公式アカウントか、各社コーポレートサイトで声明を出すのが定石です。しかし、中には、何について謝っているのか焦点がぼやけた中途半端な声明が出されることがあります。たとえば、「世間を騒がせてすみません」という謝罪から入ってしまうものや、差別的な発言や表現が問題になっている時に「誤解を招く表現をしたこと」を謝罪するというものです。

大渕憲一は、攻撃を和らげる戦略として謝罪という行為を研究しています（大渕，2010）。その中で、謝罪という行為に含まれうる 6 つの要素を挙

げています。

「負事象の認知」
　自分の行為によって被害など負事象が発生したことを認める
「責任受容」
　負の事象の発生に対して自分に責任があることを認める
「改悛表明」
　自分が悪かったと認識し、反省していることを表明する
「被害者へのいたわり」
　被害者の苦しみに理解を示し、これを和らげようと努める
「更生の誓い」
　危害や違反行為を繰り返さないと誓う
「赦しを乞う」
　被害者（あるいは関係者）に赦しを求める

（大渕，2010，p.4［一部略］）

ちょっとしたミスを軽く謝る場合などの場合には、この６つの要素すべてを含まないこともありますが、謝罪の中核的要素は、「責任受容」と「改悛表明」であり、この２つの要素が入っていないと謝罪とは認められないと大渕（2010）は主張しています。さらに、これらの要素が多く盛り込まれるほど丁寧な謝罪と受け取られやすいと指摘しています。この主張は、日常生活での謝罪の場面を思い出しても頷けるものだと思います。

ここで、本節冒頭で間違った謝罪表現の例として挙げた「世間を騒がせた」をもう一度見てみると、「世間を騒がせた」ことは騒動の結果であり、炎上は騒動となるような不適切な企業活動をしてしまったことが原因のはずです。それなのに、まず「世間を騒がせたこと」への謝罪から入ってし

まうと、騒がせたこと自体を「負事象」だと認知しているように見え、なにが悪いと思っているのかわかりにくくなるために「責任受容」がぼやけてしまいます。実際に不適切な企業活動をしていたのなら、被害を受けた人などへの謝罪から入り、その後、影響を及ぼしたステークホルダーに対して、身内である従業員を除いて影響が強い順に謝罪していくというのが伝わりやすく丁寧な謝罪になるでしょう。炎上している企業活動が不適切だったのかどうかわからない状況であれば、雰囲気で謝らずに指摘を受けて精査中であると告知する内容にとどめ、その後、結果を報告するのが適切と考えられます。

そして、不適切な発言や表現に対して「誤解を招く表現をしたこと」を謝ることも、「負事象の認知」がぼやけ、その結果「責任受容」がぶれている印象を与えがちです。「誤解を招く表現をした」と主張することは、自分たちには人を傷つけたり社会規範に反したりする表現をする意図はなかったのに、誤解されて騒がれていると主張することでもあります。問題となった発言や表現がおかしいと感じている人が納得できるものではありません。**第5章2節**（p.164）で紹介した、企業の対応に関する自由回答にも、「不快に思ったなら申し訳ない」という謝り方は謝罪ではないという指摘がありました。

このように、軸がぶれた声明を出してしまうと、声明自体が批判されたり、この企業はまだなにかやらかしているのではないかと疑われて、他の材料を発掘されてしまったりします。謝罪するのであれば、なにがどう問題だと認識しているのかはっきり示すこと、影響度が高い順に謝罪の意を示すことが必要です。

C．ごまかさない

第1章で触れた「デジタル・タトゥー」のように（p.8）、ネットでの悪評は長く残ることがあります。悪評によるレピュテーションの毀損を避けるために、炎上に関する情報をネットから消そうとして、かえって組織への信頼を失う例もあります。

たとえば、ブラウザでの検索結果に不祥事が表示されることを避けるために、画像で告知文を出すということがあります。最近ではあまり見なくなったやり方ですが、2020年4月に朝日大学が犯罪に関与した学生に関する声明文を、HTMLテキストやPDFではなく画像で公開しています〈8〉。声明文の一部は、検索エンジンのクロールを除外するよう指定されたページに置かれていました。あとから朝日大学について検索した時に、声明文が出てこないようにするための措置だと推測できます。一見、評判の低下を抑えられそうではありますが、こうした細工に気づいた人が、ソーシャルメディアで指摘し、そこから批判が広がるということも十分起こり得ることです。

同じく、検索エンジンの評価アルゴリズムに合わせてコンテンツを作成し、検索結果の上位に表示されるようにするSEO（Search Engine Optimization）を利用して、都合が悪い情報が検索結果の上位に来ないようにする手法もあります。こちらは炎上の事後対応として用いられるものです。画像のニュースリリースとは違い、ぱっと見てわかるものではありませんが、検索結果を保存して比較すると不自然さに気づかれることもあります。

これらの方法より悪質なものとして、法を濫用することで、不都合な情報を隠蔽しようとする場合もあります。DMCA（The Digital Millennium Copyright Act：デジタルミレニアム著作権法）〈9〉を悪用することで、不利な情報を出しているコンテンツを削除させるというやり方があります。2016年に株式会社DYMが社員旅行先のタイで全裸騒動を起こし、現地でも日本でも

〈8〉「本学学生の逮捕を受けて（2020年4月24日）」（https://www.asahi-u.ac.jp/topics/2020/6145/）ほか第2報、第3報が画像となっている（2020年8月10日確認）。

〈9〉1998年に成立したアメリカの著作権法の一部。著作権侵害として削除申請を出すことで、Googleの検索結果やそのページに言及したTwitterの投稿を非表示にすることができる。ただし、Googleの場合はGoogle透明性レポート（https://transparencyreport.google.com/）でDMCA申立の履歴を公開しているため、誰が申立てをしたかチェックすることができる。

メディアで報道されました。その後、この事件に言及したネット記事などに、ニュースリリースなどの引用を著作権侵害だとしてDMCA申請をかけて非表示にしたと批判されています（辻，2016）。ニュースリリースの引用で著作権侵害を主張するのは無理筋ですが、DMCAは著作権侵害に迅速に対応するための法律なので、申請があるととりあえず非表示にしてしまう場合があることを悪用した行為と言えます。同じように2017年、ビジネスSNS「Wantedly」に関するブログ記事がDMCA申請で非表示にされ、言論封殺ではないかと批判されています（tks24, 2017）。

この他にも法的措置をとるとして、記事の削除を迫るパターンもあります。2016年に起きた中高生限定のSNSアプリ「ゴールスタート」（ゴルスタ）の炎上〈10〉でも、名誉毀損で訴えることを示唆して複数の個人ブログに「ゴールスタート」運営企業が記事削除を求めました。法的根拠が薄く、削除を求めた書面に問題があったことから再炎上しています。

繰り返しますが広報の基本は、「情報を公開して信頼を得る」ことです。不利な情報を隠そうとする組織を信頼することはできません。自社サイトで公開した声明文や謝罪リリースなどを削除している事例もありますが、むしろ適切な対応をとったことが残るよう、削除しない方がレピュテーションの構築には望ましいと考えられます。

5. どう備えるか

前節では、「すみやかな対応」「誰にどう謝るのか／謝らないのか判断す

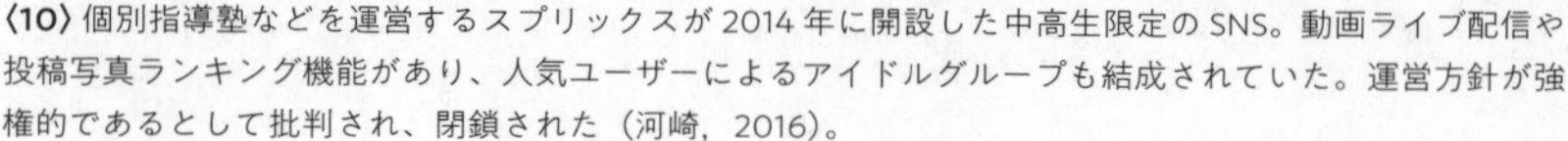
〈10〉個別指導塾などを運営するスプリックスが2014年に開設した中高生限定のSNS。動画ライブ配信や投稿写真ランキング機能があり、人気ユーザーによるアイドルグループも結成されていた。運営方針が強権的であるとして批判され、閉鎖された（河崎，2016）。

る」「ごまかさない」ことが、炎上の対応において必要だとしました。3つをきちんと行うためには事前の備えが不可欠です。では、どのような準備が必要なのでしょうか。

損害保険ジャパン株式会社では、企業を対象とする「ネット炎上対応費用保険」を2017年から販売しています。国内発のネット炎上に特化した保険商品として開発されました。炎上をいち早く察知するためのエルテス社の①ソーシャルメディア・モニタリングサービスと、記者会見など炎上が起きてしまった際の対応をサポートするSOMPOリスクマネジメント社による②炎上対応コンサルティング、およびそれらの対応にかかる費用の補償を組み合わせたものです。ただし、あくまで炎上への対応にかかる費用を補償するもので、炎上によって発生したレピュテーションの毀損についてカバーするものではありません。2020年3月、コマーシャルビジネス業務部の細川慎太郎さんにお話をうかがったところ、取材当時、契約企業の業態としては顧客の投稿から炎上が発生しやすい飲食・小売などB to C企業が多いとのことでした。もともと保険は損害が発生した時に被害を補填するものですが、損害が発生しないよう、また発生しても最小限に留めるようサポートしていくサービスも必要だという考えから開発されたそうです。

①ソーシャルメディア・モニタリングサービスは、リスク対策を目的とする際は企業名や略称、ブランド名、商品名などをキーワードとして投稿状況を24時間体制で監視し、定期的に報告書を提供するものです。損害保険ジャパン株式会社の「ネット炎上対応費用保険」の場合は、エルテス社が目視でも投稿の確認を行っているそうです。Twitterであればリツイートが急激に増えるなど普段と変わった動きが出てくれば、状況を確認して契約企業の広報担当者にアラートを発信します。投稿データをサービスの改善やマーケティングに役立てることもできるでしょう。

②炎上対応コンサルティングは、①のデータをもとにネガティブな論調の投稿が広がっていることが確認された際、リスクの度合いを評価し、望ましい対応を助言するというものです。ネットにネガティブな投稿をされたからといって、ただちに対策しなければならないわけではありません。たとえば飲食店で食事の提供が遅かったといった愚痴がTwitterなどに投稿されていても、それが企業に批判的な文脈で拡散されていなければ、炎上対応の必要はありません〈11〉。

ひとくちに炎上といっても、規模の大小、問題の深刻度等さまざまなものがあります。場合によっては弁護士への相談も必要です。他者の炎上に巻き込まれて、企業に非がないのは明らかであるものの、ポジティブとは言えない形で話題になっているという微妙な状況もあります〈12〉。炎上を含めたソーシャルメディアでの騒動への対応として、「取材が入ればコメントを出す程度でよいもの」「ソーシャルメディアの公式アカウントでの対応でよいもの」「公式サイトでの声明が必要なもの」「記者会見が必要なもの」が挙げられます。記者会見がもっとも重い対応です。

前節で述べたように、炎上にはすみやかな対応が求められますから、場合によっては数時間程度の限られた時間の中で、どの対応が適切なのか判断し、具体的にどういうメッセージを公表するか、記者会見を行う場合はその準備等々行わなければなりません。ソーシャルメディアや公式サイトでメッセージを出すなら、炎上の燃料になるような表現は避けて、消費者の不安・不信を和らげる言葉を考える必要があります。記者会見をするならば、会見場に入ってもらうメディアに連絡をとりつつ、誰が会見で話すか、なにをどこまで話すかを決定し、会見を補足する資料を作成して配布できるようにし、会場の設営や受付の設置を行うなど、短時間の間に多くの作業が発生します。多くの企業にとって、危機管理広報が必要になる状況はめったに起こらないことですから、経験がないままぶっつけ本番で行

〈11〉ソーシャルメディアに不満を投稿した顧客に公式アカウントで呼びかけ、サポートする「アクティブ・サポート」を行う企業もある。

〈12〉たとえば、2020年8月に旅館の夕食の量が多すぎるというTwitterへの投稿が炎上し、投稿者の関係者が「投稿は旅館から請け負った炎上マーケティング」「予約が半年先までいっぱいになったらしい」と投稿してさらに炎上した。旅館側は事実無根であると公式サイトで否定し、ネットニュースの取材に対応して詳細を説明している（ねとらぼ，2020）。

うことも起こります。先に見たように、中途半端な対応がかえって炎上を拡大することもありますから、専門家のサポートを得ることには意味があると考えられます。「ネット炎上対応費用保険」では、そうした対応にかかる費用、またそのノウハウの提供（SOMPOリスクマネジメント社による）も補償内容に含まれています。

このような商品が開発されていることから、保険会社も炎上のリスクを大きく認識していると言えるでしょう。具体的なサービス内容は異なりますが、エルプランニング社と三井住友海上火災保険が「炎上監視サービスwith保険」、シエンプレ社が「炎上保険」という名前で類似したサービスを販売しています。

これらの対策に先立って、一番重要なのは、従業員へのソーシャルメディアリスクへの啓発です。飲食店・小売店ではアルバイトの雇用契約書を交わす時に、バイトテロを防止するために店舗へのスマートフォンの持ち込みを制限する、勤務中は写真や動画を撮影しないなどのルールを提示することも珍しくないようです。ただし、先に紹介した大戸屋の場合も、そうした施策を行っていたのに炎上しました。バイトテロを起こしてしまうと、当人がデジタル・タトゥーによって生涯に渡って就職・転職などで不利になる可能性があること、場合によっては企業が損害賠償請求しなければならなくなることなど、できるかぎり具体的にリスクを伝える工夫が必要です。

バイトテロを起こすのはほぼ若い人ですが、中高年であれば炎上しないわけではありません。社会的地位のある人が差別的な発言や誹謗中傷を行って炎上することもあります。中高年のネットユーザーの中には、昔の感覚でネットと現実は別物と捉えて、自由気ままに放言している人もいます。たとえば企業がダイバーシティの推進を謳っているのに、その理念に反するような差別的な発言を経営幹部が繰り返していたことが発覚したりすると、企業の姿勢そのものが問われてしまうことにもなりかねません。アルバイトだけでなく、社員や幹部を対象としたソーシャルメディア利用のガイドラインの設定や研修の実施など、社内全体に目を配る必要があるでしょう。

6. 企業の炎上対応に必要なこと

第6章では、炎上後の企業広報の対応事例の紹介を中心に、企業による炎上対応で望ましいこと、してはいけないことをまとめてみました。一番大事なことは、炎上を起こさないことですが、万一起きてしまった時の備えが事前に必要と言えます。

そのためには、自社に関してソーシャルメディアでなにが投稿されているのか、ソーシャルメディア・リスニングを行う一方、同業他社を中心に、どのような炎上が起きているのか先行事例を収集し、自社の企業活動の中に炎上に結びつきそうな要素がないか、チェックし続けることも必要です。

コラム5（p.173）で紹介したように、「社会的な正しさ」の基準はどんどん変化していきます。数年前には特に問題とされなかった表現がきっかけで炎上することもあります。特に、社内と社外で、ジェンダーなど人権関連の問題への意識のギャップが大きくなってしまうと、潜在的なリスクが高まってしまいますから、他部門と連携をとってギャップを減らしていくことも必要かもしれません。

ただし、企業の炎上全般に効く万能薬のような対応はありません。どの

ような発端から炎上が広がったのか、ソーシャルメディアでの反響、ネットメディアやマスメディアの報道の論調、炎上が発生した時の状況などによって、最適な対応は異なってくると考えられます。

といっても、適切な対応を判断する手がかりがまるでないわけではありません。繰り返しますが、広報の基本は「情報を公開して信頼を得る」ことです。この基本に根ざした情報発信、つまり軸がしっかりした、誠実な情報発信ならば、炎上の対応に際しても、そう大きく外れることはないのではないでしょうか。

コラム６
炎上○×クイズ

最後に、炎上についてよくある誤解を○×クイズのかたちでまとめてみたいと思います。

ネットで批判されるだけなので、無視すれば問題ない

×です。少なくとも本書で取り上げているような炎上については、一般人であっても所属先の会社や学校に対して抗議が行われ、その結果、所属先から処分を受けることも珍しくありません。大学生の炎上で、内定先にまで抗議があった事例もありました。本書で扱っている炎上とは少しずれる事例ではありますが、２ちゃんねるを中心に長年誹謗中傷を受けている唐澤貴洋弁護士は、複数の人物によって、事務所のポストに食品を詰め込まれたり、実家の墓にペンキで落書きされたりするといった実体的な被害も受けています（唐澤，2018）。

企業や組織が炎上した際にも、電話で抗議が行われることがあります。代表電話に抗議電話がかかってくると、炎上とは直接的関係のない企業活動にも差し障りが発生します。アメリカでは、炎上した歯医者のクリニックに抗議ビラがいくつも貼られた事例もあります。

炎上には日本の集団主義が背景にある

×です。**第１章**で紹介したように、海外でも炎上は盛んに起きているので、日本の国民性にのみ起因するとは考えられません。アメリカでは「ジャスティン・サッコ」事件のようにかなり激しい攻撃が行われた例もあります。

炎上は匿名だから起きる

これも×です。ロスト（Rost, K.）らの研究では、ドイツの署名サイトでは実名投稿者の方が攻撃的な表現をしているという結果が出ました（Rost et al., 2016)。また、韓国では、ネットでの誹謗中傷を減らすために、一定規模のソーシャルメディアを使用する際に個人情報を登録する「制限的本人確認制度」を導入しましたが、導入後、投稿の全体量は減ったものの、攻撃的な投稿の比率は下がりませんでした。匿名でなくなれば、炎上が起きなくなるとは考えられません。

経済的に恵まれず、社会に恨みを持つ人が炎上に参加している

これも違います。田中・山口（2016）の調査では、年収が低い人よりも高い人の方が炎上に参加しやすいとの結果が出ています。

第４章で紹介した調査結果では、炎上について投稿したことがあるかどうかには、ストレスの自覚頻度も経済的状況への不満も影響していませんでした（p.131)。炎上について投稿したことがある人に絞った調査でも、批判的な投稿をしたかどうかにストレスや経済的状況への不満は影響していませんでした（p.137)。炎上に参加している人の大多数は、社会に恨みを持っている人々というイメージに当てはまらないと考えられます。

ただし、**コラム４**（p.148）の清水陽平弁護士は、誹謗中傷犯については定職についていない人が多い傾向があるとしています（清水，2017)。

炎上に関する対策が進みにくいのは、炎上について正しくないイメージが流布しているせいもあるかもしれません。特に、企業が炎上に対応する時、批判している人たちを実態とは異なった風にイメージして対応すると、燃料を投下するようなことになってしまうかもしれません。思い込みで対応するのは禁物です。

おわりに——ネットは社会をどう変えたのか

ここまで、炎上という現象がどうして起きるのか、なぜ影響力を持つのか、実際になにが起きているのかを考察してきました。

第1章と**第2章**では炎上の定義や、代表的な事例、各国の炎上をめぐる状況、国内の炎上の歴史など、炎上の概要を解説しました。特に**第2章**では、ソーシャルメディアやネットメディアの発達によって、炎上のあり方が変容し、ネットメディアやマスメディアで炎上事件が取り上げられやすくなったことで、その影響力が大きくなっていることを指摘しました。

第3章と**第4章**では、炎上においてどのような情報が共有されているのか、炎上に参加する人々にはどのような特徴があるのかを取り上げました。**第3章**では、PC デポとラーメン二郎仙台店という２つの炎上事例に関するTwitterの投稿データの分析を行いました。先行研究でも指摘されていたように炎上に関する投稿で批判的なもの・攻撃的なものはむしろ少数派であり、さらに、攻撃的な投稿はリツイートされにくいことを示しました。**第4章**ではウェブモニタ調査のデータをもとに炎上参加者の特徴を分析し、炎上した者を批判する動機として、「祭り」型と「制裁」型があるのではないかとしました。

第5章と**第6章**では、企業広報の観点から炎上が企業に及ぼす影響と、企業が炎上した際に取るべき対応を論じました。**第5章**ではウェブモニタ調査を行い、企業の炎上認知者のうち、約２割がその企業の商品やサービスを回避した経験があることを明らかにしました。また、炎上のタイプによって企業への非難の強さが異なることも示しました。**第6章**では、**第5章**の調査結果や企業炎上事例の検討を踏まえて、危機管理広報の観点から望ましい炎上対応を考察しました。

最後に、①炎上の背景にある社会の変化と、②炎上のネガティブな影響をどう抑止するかについて考えてみたいと思います。

1. 炎上の背景にある社会の変化

炎上が起きるようになったのは、ソーシャルメディアの発達によって、個人による不特定多数への情報発信が容易になり、同時に不特定多数が他者を批判することも容易にできるようになったからです。アメリカの「ジャスティン・サッコ」事件や、バイトテロ型の炎上でよく見られますが、友達の間でのウケ狙いのつもりで投稿したことが、ソーシャルメディアを通じて知らない人たちの間で話題になることで、不特定多数から批判されてしまうのが炎上の典型的なパターンの一つです。さらに、いったん炎上すると、公的な問題としてメディアにも取り上げられ、さらに批判が拡大してしまうこともしばしば起きています。どうしてこのようなことが起きるのでしょうか。

カルドン（Cardon, D）は、ネットの発達によって公共圏のあり方が劇的に変化したと指摘しています（Cardon, 2010＝2012）。ネット以前の社会では、不特定多数が知ることができる情報とは、テレビや新聞、雑誌、ラジオといったマスメディアで報道された情報でした。マスメディアは一種の「門番」（gate keeper）として、不特定多数が知るべき公的な情報と、そうではないプライベートな出来事を分けていました。ネット以前の社会では、皆が知っている情報は公的な情報であり、そうではない情報は私的な情報として区分される構造になっていたと言えます。

ところが、ネットの発達によって、公的に発言する権利が社会全体に広がります。カルドンは特にソーシャルメディアを「薄暗がりのウェブ」（Le Web en clair-obscur）と表現しています。ソーシャルメディアは友人知人と交流する私的な空間である一方、公開アカウントでの投稿なら誰の目にも見える情報でもあるために公的な空間でもあります。

第1章で紹介した、ネットで話題になることで、本来は私人であるのに公人のような扱いをされてしまう「意図せぬ公人化」（板倉，2006）が発生してしまうのは、ソーシャルメディアが私的な空間であると同時に公的な空間の性質も帯びているからです。バイトテロなど一般人の悪ノリや放言がきっかけで起きる炎上は、友達など身内に向けた投稿が拡散されたり、あるいは関係のない第三者に「発見」されることでもともとの文脈を失い、不適切な行為として社会的に糾弾されてしまうかたちで発生します。企業の炎上についても、顧客の不満であるとか、広告などの表現が不適切ではないかという、ネット以前であれば私的な意見にとどまっていた指摘が共感によって拡散されることによって公的な糾弾となり、対応を迫られることになります。

さらに、ソーシャルメディアで話題になっていることをまとめる〝まとめサイト〟や、積極的に報道するネットニュースが発達し、テレビなどのマスメディアもネットの話題を盛んに追うようになりました。Twitterでのコメントをリアルタイムで放送に組み込んでいる番組も珍しくありません。ソーシャルメディアに積極的に投稿する人には偏りがあるので、社会全体の意見とみなすのは本来おかしいのですが、数百万、数千万の人が利用しているという頭数の多さによって、一種の世論としてみなされるようにもなっています。

私的でもあるけれど、公的な空間でもあるという曖昧な立ち位置にあるソーシャルメディアが、社会的に重みを増し続けているのが今の社会なのです。このひずみが炎上の根本的な原因と言えます。

2. 炎上のネガティブな影響をどう抑止するか

炎上はネットの一部で起きている病理的な現象というより、情報流通の構造の変容、社会全体の変化によってもたらされたものと考えられます。では、今後も炎上が起き、批判の対象となった個人や著名人が苦しみ、企業も大きな損害を被るというこの状況を変えられないのでしょうか。

炎上の害を低減するには、まず炎上によってどれだけ大きな被害が出ているのかが社会の中で広く認識されることが必要です。「ちょっと悪口を書き込まれるくらいのこと」といった軽い認識しかされていなければ、被害を防止するための対策が行われないからです。

ネットが普及し始めた1990年代後半、普及が広がった2000年代の頃は、「ネットと現実は別物」「ネットはバーチャルな世界」と捉える見方が強く、ネットで悪口を書かれても、見なければ平気じゃないかと考える人も多かったのではないかと思います。炎上という言葉が人口に膾炙するきっかけになったスマイリーキクチ中傷被害事件でも、警察に働きかけたものの具体的に被害があるわけではないと再々門前払いされ、ようやく理解してくれる刑事に出会って摘発までこぎつけたものの、不起訴処分となった説明を受ける際、担当検事に「ネットを見なければ大丈夫だ」という主旨の発言をされています（スマイリーキクチ, 2011, p.218)。さらに、被害者に謝罪すると供述したからこそ不起訴になった加害者たちは、誰も彼に謝罪しませんでした（スマイリーキクチ, 2011)。

ですが、2010年代後半に入って、ネットの誹謗中傷に関する社会の認識はかなり変わってきた印象があります。一つは**第2章**で紹介したように、被害者による訴訟と勝訴の報道が相次いだことです。ちょうどこの本を書き始めた時に起きたプロレスラーの木村花さんの自死事件（2020年）〈1〉をきっかけに、ネットの誹謗中傷の被害の重さがさらに知られるようになったのではないかと感じています。木村さんを誹謗中傷してしまった人たちが深く反省しているとコメントしている報道〈2〉が複数出ているからです。2013年に起きた、炎上がきっかけで県議会議員が自死したと見られる事件では、このような報道はまったく見られませんでした。

こうした流れを受けて、総務省も誰が誹謗中傷を投稿したか特定しやすくなるよう制度を改めると2020年春に発表しています。私的でもあり、公的でもあるソーシャルメディアの特性に、社会が振り回されているからこそ炎上やネットでの誹謗中傷の被害が拡大してきたのですが、このままではいけないという認識がようやく広がってきたと言えます。私たちの社会は、ネットの普及によって起きた公私の境界の変化にようやく適応し始めたのもしれません。

とはいえ、ネットでの言論の自由を制限するような施策は望ましくありません。では、どのような施策が今後必要なのでしょうか。

A. ソーシャルメディア利用に対する啓発

私が2020年に行ったウェブモニタ調査では、ソーシャルメディア利用に関する啓発を受けたことがあるかどうか、所属先にソーシャルメディア

〈1〉フジテレビのリアリティ番組「テラスハウス」に出演中に、ソーシャルメディアで不特定多数による誹謗中傷を受け、22歳で自死した。番組制作側の過剰演出も問題となった。リアリティ番組の出演者による自死は英米でも相次いでおり、社会問題となっている。

〈2〉たとえば、NHK「ネットのひぼう中傷　なくすために　～女子プロレスラーの死～（クローズアップ現代・2020.6.4)」(https://www.nhk.or.jp/gendai/articles/4425/index.html)、毎日新聞デジタル版「匿名の刃～SNS暴力考　『怒り伝えないと…』とツイッター開設　木村花さん中傷の女性が語った後悔と恐怖(2020.8.22)」(https://mainichi.jp/articles/20200822/k00/00m/040/093000c)。

利用に関するガイドラインがあるかどうか、ネット投稿の責任やリスクをどれくらい認識しているかを訊ねてみました（p.157，**第5章**）。啓発を受けたことがあると答えた人が約2割など、まだまだ十分に啓発が行われているとは言い難い状況にあることが確認できました。個別のソーシャルメディア利用のリスク認知についても、まだまだ不十分でした（p.158）。

ソーシャルメディア利用に対する啓発は、さまざまなかたちで行われています。NHKは「クローズアップ現代＋」などの番組で、再々炎上やネットの誹謗中傷による被害の大きさや、その起きる仕組みについて取り上げています。誹謗中傷の被害者であるスマイリーキクチは、Twitter（@smiley_kikuchi）などで誹謗中傷に関する情報発信を行い続けています。小木曽健（GREE）など、活発にソーシャルメディア利用に関する啓発活動を行っている人もいます。

一方で、これらの啓発は、既に炎上やネットでの誹謗中傷に危機感を持っている人でないと、なかなか接することがないという面もあるかもしれません。2013年にバイトテロ型の炎上が立て続けに起き、2019年にも同様の炎上事件が起きました。2019年のバイトテロは、2013年の事例を知らず、炎上の怖さを理解していない若い人たちが起こしてしまったのではないかと考えられます（p.150，**コラム4**）。ということは、このまま行けば、また数年後にバイトテロ型の炎上が頻発するタイミングが来て、その場の悪ふざけのために、長い間苦しむ人が出てくる可能性が高いと予測できます。

なるべくたくさんの人に炎上やネットの誹謗中傷の怖さを知ってもらうには、公教育に組み込むのが一番だと思います。中学生や高校生を対象に、誹謗中傷を受ける怖さとネットへの投稿の責任についてなるべく具体的に学ぶ機会を設けることができれば、一定の効果が期待できます。炎上を疑似体験できるカードゲーム「大炎笑」（https://daienjo.theshop.jp/）のようなツールを取り入れると、炎上の怖さを実感しやすいかもしれません。

ただし、公教育でしっかりソーシャルメディア利用に関する啓発を行うことができるようになったとしても、今度は既に成人している世代にどう啓発していくかという課題が残ります。個人が炎上してしまうと、企業などその人が所属している組織も抗議を受けたり、対応によっては組織そのものが批判されることもありますから、従業員を対象に研修を行ったり、ソーシャルメディア利用のガイドラインを設定するなど、大人にもネットメディアとのつき合い方を啓発していくことが大切です。

B. ソーシャルメディアの改善とネット広告の精緻化

コラム1（p.33）で紹介したように、ソーシャルメディア利用の弊害を低減するために、運営者が仕様を変更することが相次いでいます。Twitterは、誹謗中傷や不快な反応を抑制するために、望ましくないリプライを非表示にする機能を（2019年）、さらに、誰からリプライができるか投稿ごとに設定する機能（2020年）を相次いで追加しました。Instagramも承認欲求を過剰に刺激しないようにするために、「いいね！」の数を他のユーザーには非表示とする変更を2019年に行っています。Facebookも、フェイクニュース対策のためアルゴリズムを変更するなどの施策を2020年に行っています（佐藤，2020）。

ソーシャルメディアの魅力の一つは、誰とどういう風につながるのか、情報をどのように共有し、どう反応するかを設計できることです。Twitterは本来、ユーザーの自由度の高さを重視して設計されたソーシャルメディアですが、社会的な影響力が大きくなり、日本だけでなく海外でも炎上や誹謗中傷の被害が明らかになってきたことから、荒れにくい方向に仕様を変えていこうとしているようです。

また、誹謗中傷やヘイトスピーチが盛んな「荒れている」ソーシャルメディアは、広告出稿先として魅力がありませんから、広告単価を上げるためには、荒れにくいよう対策をしていかなければならないという事情もあります。2017年には、ホロコーストを否定するなどした過激主義者が投稿したYouTube動画に広告が表示されたことから、英政府などがGoogleから広告を取り下げています（Woollacott, 2017)。日本でも、2018年にエプソンがまとめサイト「保守速報」から広告の取り下げを行い、他社も追従した事例があります（p.40，**第2章 注3**）。

第2章で説明したように、炎上の拡大には、ネットメディアやマスメディアも大きな役割を果たしています。特にネットメディアは、より多くの人々の耳目を集めて広告費を稼ぐために炎上とは言い難い状況を「炎上」と報じたりしています。同じく広告費目的で作成される「トレンドブログ」の中には、炎上した一般人の個人情報を掲載しているものもあります。

これらのコンテンツが盛んに作られるのは、ネット広告の多くが自動で入札されるようになり、出稿先を吟味しないまま表示され、広告費が発生してしまうからです。広告主は、ブランディングにはむしろネガティブな影響をもたらすようなコンテンツで広告費を取られ、個人情報の暴露や誹謗中傷などの不法行為に加担させられているとも言えます。

こうした問題は広告業界でも注目されています（境, 2020)。広告主企業・団体の組織である日本アドバタイザーズ協会（JAA）では、2019年に「アドバタイザー宣言」(http://www.jaa.or.jp/wp-content/uploads/2019/11/JAA_proclamation.pdf）を公表し、「怒りや憎しみを助長したりするメディアやプラットフォーマーへは投資しない」と明言しています。広告主からの働きかけが進めば、炎上の商業化を抑止することができるでしょう。

本書は、炎上というネットの負の側面をテーマとしているためにほとんどネットのポジティブな面には触れられませんでした。ですが、本来、ネットはさまざまなアイデアや体験、社会的課題を共有し、リアルではなかなか出会えない人々との交流を通じて、人々の生活を豊かにしてくれるものです。私個人にとっても、ネットで知り合って10年以上交流している大切な友人が何人もいます。企業にとっても、顧客との絆を深め、消費者に自社の優れた点を知ってもらうための大切な手段です。

ネットの良いところを活かしていくには、炎上や誹謗中傷などネガティブな面を抑制していかなければなりません。それには、ネット炎上に対する思い込みやイメージに引きずられるのではなく、まずなにが起きているのか実態を把握し、その上での効果的な対策が必要です。本書がその一助となれば幸いです。

引用文献

- ABEMA TIMES, 2020,「アマプラ解約運動に賛否の声 相次ぐネット炎上は『怒りの日替わり定食のよう』」.
https://times.abema.tv/posts/8620415
- Adachi, Y. and Takeda, F., 2016,"Characteristics and Stock Prices of Firms Flamed on the Internet：The Evidence from Japan." *Electronic Commerce Research and Applications*, 17：pp.49–61.
- Adamic, L, A. and Glance, N., 2005,"The Political Blogsphere and the 2004 U. S. Election：Divided They Blog." Proc. 3ed Int. Workshop on Link Discovery：pp.36–43.
- AFP BB NEWS, 2020.2.25,「北欧の伝統は『すべてコピー』航空会社の CM が炎上」.
https://www.afpbb.com/articles/-/3268366
- Alexander, E., 2020,「キャンセル・カルチャー――善を生み出す力なのか、言論の自由を脅かすものか？」(Kanno Mitsuko 訳).
https://www.harpersbazaar.com/jp/lifestyle/daily-life/a33316872/cancel-culture-a-force-for-good-or-a-threat-to-free-speech-200724-lift1/
- 天野彬, 2019,『SNS 変遷史――「いいね！」でつながる社会のゆくえ』イースト新書.
- 安藤明人・曽我祥子・山崎勝之・島井哲志・嶋田洋徳・宇津木成介・大芦治・坂井明子, 1999,「日本版 Buss-Perry 攻撃性質問紙（BAQ）の作成と妥当性, 信頼性の検討」『心理学研究』70（5）：pp.384–392.
- 東浩紀, 2003,「情報自由論　データの権力、暗号の倫理　第９回：表現の匿名性と存在の匿名性」『中央公論』2003 年４月号：pp.306–315.
- BIGLOBE, 2016,「BIGLOBE が『ネット炎上に関する意識調査』を実施」.
http://enjoy.sso.biglobe.ne.jp/archives/flaming/（最終アクセス：2017 年６月１日）
- 文化庁, 2017,「平成 28 年度『国語に関する世論調査』結果の概要」.
http://www.bunka.go.jp/tokei_hakusho_shuppan/tokeichosa/kokugo_yoronchosa/pdf/h28_chosa_kekka.pdf
- Cardon, D., 2010, *La Démocratie Internet：Promesses et limites*, Paris：SEUIL（＝2012, 林昌宏・林香里訳『インターネット・デモクラシー――拡大する公共空間と代議制のゆくえ』トランスビュー）.
- Conover, M. D., Ratkiewicz, J., Francisco, M., Gonçalves, B., Flammini, A., and Menczer, F., 2011,"Political Polarization on Twitter." *Proceedings of the Fifth International AAAI Conference on Weblogs and Social Media*,：pp.89–96.

■ Davis, K. and Joned, E, E., 1960,"Changes in Interpersonal Perception as a Means of Reducing Cognitive Dissonance." *Journal of Abnormal and Social Psychology*, 61：pp.402–410.

■ Easley, D. and Kleinberg, J., 2010, *Networks, Crowds, and Markets：Reasoning about a Highly Connected World*. Cambridge University Press（=2013, 浅野孝夫・浅野泰仁訳『ネットワーク・大衆・マーケット――現代社会の複雑な連結性についての推論』共立出版）.

■ Ebbesen, E. B., Duncan, B., and Konecni, V. J, 1975,"Effects of Content of Verbal Aggression on Future Verbal Aggression：A field Experiment." *Journal of Experimental Social Psychology*, 11：pp.192–204.

■ 遠藤薫, 2007,『間メディア社会と〈世論〉形成――TV・ネット・劇場社会』東京電機大学出版局.

■ Enríquez, J., 2013,"Your Online Life, Permanent as a Tattoo." TED2013.
https://www.ted.com/talks/juan_enriquez_how_to_think_about_digital_tattoos

■ 藤代裕之, 2014,「誰もがジャーナリストになる時代――ミドルメディアの果たす役割と課題」遠藤薫編『間メディア社会の〈ジャーナリズム〉』東京電機大学出版局：pp.103–123.

■ ――――2016,「テレビが“ネット炎上”を加速する」『GALAC』2016 年 10 月号：pp.12–15.

■ 不破雷蔵, 2020,「主要テレビ局の複数年にわたる視聴率推移をさぐる（2020 年 5 月公開版）」Yahoo！ニュース個人.
https://news.yahoo.co.jp/byline/fuwaraizo/20200521-00179554/

■ Hagex, 2006,「岩手の大学生が mixi で皮膚病患者を『ミイラ』と中傷し大炎上」
https://hagex.hatenadiary.jp/entry/20060818/p1

■ 濱野智史, 2008,『アーキテクチャの生態系』NTT 出版.

■ 長谷川豊, 2016,「残念」.
https://ameblo.jp/yutaka-hasegawa/entry-12210616975.html

■ 籏智広太, 2018,「保守速報への広告掲載をやめたエプソン『嫌韓、嫌中の温床』との通報がきっかけに」BuzzFeedNews.
https://www.buzzfeed.com/jp/kotahatachi/hoshusokuho

■ 服部良祐, 2019,「『バイトテロ』が繰り返される真の理由　大戸屋一斉休業で問う」.
https://www.itmedia.co.jp/business/articles/1903/11/news051.html

■ 樋口耕一, 2014,『社会調査のための計量テキスト分析』ナカニシヤ出版.

■ 平井智尚, 2012,「なぜウェブで炎上が発生するのか――日本のウェブ文化を手がかりとして」『情報通信学会誌』29（4）：pp.61–71.

■ハフィントンポスト日本版，2014.4.5.，「チーズ原料の牛乳に『入浴』 ロシア、従業員の投稿写真が波紋」.
https://www.huffingtonpost.jp/2014/04/05/sns_n_5095538.html
■伊地知晋一，2007，『ブログ炎上』アスキー.
■池田純一，2019，「敵を完全拒絶…若者の姿勢を批判する老害と、それをディスる若者『OK Boomer』とオバマの現在」.
https://gendai.ismedia.jp/articles/-/68732
■板倉陽一郎，2006，「インターネット上における『意図せぬ公人化』を巡る問題」『情報処理学会研究報告．電子化知的財産・社会基盤（EIP）』128（034）：pp.9–14.
■ITmedia, 2008,「イメージ通り！？　2 ch は高齢化、ニコ動は“リア厨”」.
https://www.itmedia.co.jp/news/articles/0811/13/news057.html
■――――2017，「運営元の調査で発覚――ローチケのキャンセル問題、申告者は『未入金』」.
https://www.itmedia.co.jp/business/articles/1709/06/news090.html
■伊藤昌亮，2005，「ネットに媒介される儀礼的パフォーマンス――2 ちゃんねる・吉野家祭りをめぐるメディア人類学的研究」『マス・コミュニケーション研究』66：pp.91–110.
■――――2014，「血と血祭り　炎上の社会学」川上量生監修『ネットが生んだ文化』角川学芸出版：pp.173–208.
■治部れんげ，2018，『炎上しない企業情報発信――ジェンダーはビジネスの新教養である』日本経済新聞出版社.
■唐澤貴洋，2018，『炎上弁護士』日本実業出版社.
■柏原勤，2012，「『2 ちゃんねるスレッドまとめブログ』によるニュース・コミュニケーションに関する一考察」『三田哲學會』128：pp.207–234.
■勝間和代・広瀬香美，2009，『つながる力――ツイッターは「つながり」の何を変えるのか？』ディスカヴァー・トゥエンティワン.
■川上善郎・日吉昭彦・石山玲子・松田光恵・鈴木靖子，2003，「社会的現実を作るメディアトーク――ニュース報道の共鳴化」『コミュニケーション紀要』16：pp.29–127.
■河崎環，2016，「中高生限定『ゴルスタ』騒動が示した本当の闇」.
https://toyokeizai.net/articles/-/135357
■川嶋伸佳・大渕憲一・熊谷智博・浅井暢子，2012，「多元的公正感と抗議行動：社会不変信念、社会的効力感、変革コストの影響」『社会心理学研究』27（2）：pp.63–74.
■河島茂生，2014，「創発するネットコミュニケーション」西垣通・河島茂生・西川アサキ・大井奈美編『基礎情報学のヴァイアビリティ』東京大学出版会：pp.75–96.

■ Kiesler, S., Siegel, J., and McGuire, T., W., 1984,“Social Psychological Aspects of Computer-Mediated Communication.” *American Psychologist*, 39（10）: pp.1123–1134.

■ Kim, J., 2005,“Subway Fracas Escalates into Test of the Internet's Power to Shame.” https://www.washingtonpost.com/archive/business/2005/07/07/subway-fracas-escalates-into-test-of-the-internets-power-to-shame/1759fe23-ef5e-4e29-a850-e1a65190bb5d/

■ Kim, Y., Hsu, S.-H., and Zúñiga, H. G, 2013, Influence of Social Media Use on Discussion Network Heterogeneity and Civic Engagement：The Moderating Role of Personality Traits. *Journal of Communication*, 63：pp.498–516.

■ 北田暁大，2005,『嗤う日本の「ナショナリズム」』日本放送出版協会.

■ 小林直樹，2011,『ソーシャルメディア炎上事件簿』日経 BP 社.

■ ――――2015,『ネット炎上対策の教科書』日経 BP 社.

■ 小林哲郎・池田謙一，2008,「PC によるメール利用が社会的寛容性に及ぼす効果――異質な他者とのコミュニケーションの媒介効果に注目して」『社会心理学研究』24(2): pp.120–130.

■ 小峯隆生，2015,『「炎上」と「拡散」の考現学』祥伝社.

■ 是永論，2008,「電子空間のコミュニケーション――ネットはなぜ炎上するのか」橋元良明編『メディア・コミュニケーション学』大修館書店：pp.162–179.

■ 高広強・中尾健二，2012,「中国における『人肉捜索』の現状と諸問題」『静岡大情報学研究』18：pp.33–50.

■ Lardinos, F., 2012,「『バラク・オバマだけど質問ある？』――大統領、Reddit で AMA（なんでも聞いてね）セッション開催」.
滑川海彦訳：https://jp.techcrunch.com/2012/08/30/20120829president-barack-obama-joins-reddit-does-an-ama/

■ Lazarsfeld, P. F. and Merton, R. K., 1954,“Friendship as Social Process：a Substantive and Methodological Analysis.” in Berger, M., ed., *Freedom and Control in Modern Society*, Van Nostrand.

■ ライブドア公式ブログ，2011,「人気ブログ、『痛いニュース（ノ∀`)』が月間１億アクセスを突破しました！」.
http://blog.livedoor.jp/staff/archives/51655253.html

■ 柳文珠，2013,「韓国におけるインターネット実名制の施行と効果（研究)」『社会情報学』2（1）: pp.17–29.

■ 前屋毅，2000,『東芝クレーマー事件――「謝罪させた男」「企業側」全証言』小学館.

■ 毎日新聞，2020.5.27 朝刊，「コロナ封じ込め成功　蔡総統支持　71％過去最高台湾・

民間団体調査（福岡静哉）」.
https://mainichi.jp/articles/20200527/ddm/007/030/020000c

■三上俊治，2000，「公共圏としてのサイバースペース――インターネット時代における世論形成過程」『社会情報学研究』4：pp.17–23.

■――――2001，「インターネット時代の世論と政治」高木修監修・川上善郎編『情報行動の社会心理学』北大路書房：pp.128–140.

■Milgram, S., 1967,“The Small World Problem.” *Psychology Today*, May 1967：pp.60–67（=2006，野沢慎司・大岡栄美訳「小さな世界問題」野沢慎司編・監訳『リーディングスネットワーク論――家族・コミュニティ・社会関係資本』勁草書房：pp.97–117）.

■水島宏明，2020，「ツイッターデモの『民意』が権力の暴走を止めた!?　SNS が政治を変えた歴史的な日」.
https://news.yahoo.co.jp/byline/mizushimahiroaki/20200519-00179137/

■諸井克英，1991，「改訂 UCLS 孤独感尺度の次元性の検討」『静岡大学人文学部人文論集』（42）：pp.23–51.

■中川淳一郎，2009，『ウェブはバカと暇人のもの』光文社.

■――――2017，『ネットは基本、クソメディア』角川新書.

■ねとらぼ，2019，「匿名ニュースサイト『netgeek』に 1650 万円の賠償請求　IT コンサルタントら 5 人が集団訴訟」.
https://nlab.itmedia.co.jp/nl/articles/1904/08/news129.html

■――――2020，「“廃棄前提”炎上ツイートで注目の温泉旅館　オンラインサロン運営者の『炎上マーケティング大成功』発言を『事実無根』と否定」.
https://nlab.itmedia.co.jp/nl/articles/2008/13/news118.html

■NHK, 2017a,「“ネット炎上”追跡 500 日」.
https://www3.nhk.or.jp/news/special/enjyou/

■――――2017b，「クローズアップ現代＋　突然あなたも被害者に!?“ネットリンチ”の恐怖」.
https://www3.nhk.or.jp/news/special/enjyou/

■NHK, 2020,「選挙 WEB：内閣支持率」.
https://www.nhk.or.jp/senkyo/shijiritsu/

■日本新聞協会，2020，「調査データ／新聞の発行部数と世帯数の推移」.
https://www.pressnet.or.jp/data/circulation/circulation01.php

■蜷川真夫，2010，『ネットの炎上力』文春新書.

■大渕憲一，2010，『謝罪の研究』東北大学出版会.

■落合陽一，2015，「日本の炎上と、アメリカの炎上」小峯隆生『「炎上」と「拡散」の考現学』祥伝社：pp.125–128.
■荻上チキ，2007,『ウェブ炎上』ちくま新書.
■———2014,「炎上の構造」川上量生監修『ネットが生んだ文化』角川学芸出版：pp.143–171.
■小木曽健，2017,『11歳からの正しく怖がるインターネット』晶文社.
■奥村倫弘，2010,『ヤフー・トピックスの作り方』光文社新書.
■———2017,『ネコがメディアを支配する——ネットニュースに未来はあるのか』中公新書ラクレ.
■岡本純子，2016,「この広告が、なぜ炎上したのかわかりますか——世界に広がる『炎上』と言論の不自由」東洋経済ONLINE.
https://toyokeizai.net/articles/-/113897
■奥田喜道編，2015,『ネット社会と忘れられる権利——個人データ削除の裁判例とその法理』現代人文社.
■Olson, M., 1965, *The Logic of Collective Action：Public Goods and the Theory of Groups*. Cambridge：Harvard University Press（=1996, 依田博・森脇俊雅訳『集合行為論——公共財と集団理論』ミネルヴァ書房）.
■Pankraz, D., 2010, Introducing Generation C The Connected Collective Consumer.
https://www.nielsen.com/us/en/insights/article/2010/introducing-gen-c-the-connected-collective-consumer/
■Ronson, J., 2015, *So You've Been Publicly Shamed*. New York：Riverhead Books（=2017, 夏目大訳『ルポ　ネットリンチで人生を壊された人たち』光文社新書）.
■Rost, K., Stahel, L., and Frey B. S., 2016,"Digital Social Norm Enforcement：Online Firestorms in Social Media." *PLoS ONE*, 11（6）.
■Rösner, L. and Krämer, N, C., 2016, Verbal Venting in the Social Web：Effects of Anonymity and Group Norms on Aggressive Language Use in Online Comments, *Social Media + Society*, 2（3）（Retrieved June 1, 2017, http://sms.sagepub.com/content/2/3/2056305116664220.abstract）.
■———2010,「Twitterがついに1000万人超え。2010年8月度最新ニールセン調査」.
http://blogs.itmedia.co.jp/saito/2010/09/twitter10002010.html（最終アクセス：2017年6月30日）
■斉藤徹，2019,「Z世代=『若者』とひと括りにしていませんか？ 4タイプの特性とソーシャル利用を解説」.
https://markezine.jp/article/detail/32511
■境治，2020,『嫌われモノの〈広告〉は再生するか——健全化するネット広告、「量」

から「質」への大転換』イースト・プレス.
■櫻庭太一，2014,「インターネットコミュニティのコンテンツ発信の変容について試論――『2ちゃんねる』および『2ちゃんねるまとめサイト』の現状から」『専修国文』95：pp.115–133.
■佐藤由紀子，2020,「Facebook、フェイクニュース対策でニュースフィードのアルゴリズム変更」.
https://www.itmedia.co.jp/news/articles/2007/01/news053.html
■Siegler, M. G., 2010,“Facebook：We'll Serve 1 Billion Likes on The Web Just in 24 Hours.” *TechCrunch*,（Retrieved March 1, 2018, http://techcrunch.com/2010/04/21/facebook-like-button/）.
■清水陽平，2017,『企業を守るネット炎上対応の実務』学陽書房.
■晋遊舎ムック，2006,『インターネット事件簿――祭られた人々』晋遊舎.
■白井咲貴，2019,「大戸屋HD株主総会、『バイトテロ』に厳しい視線」.
https://business.nikkei.com/atcl/gen/19/00002/062600483/
■スマイリーキクチ，2011,『突然、ボクは殺人犯にされた――ネット中傷被害を受けた10年間』竹書房.
■総務省，2018,「ICTによるインクルージョンの実現に関する調査研究」.
https://www.soumu.go.jp/johotsusintokei/linkdata/h30_03_houkoku.pdf
■――――2020a,「令和2年版情報通信白書」.
https://www.soumu.go.jp/johotsusintokei/whitepaper/ja/r02/pdf/index.html
■――――2020b,「発信者情報開示の在り方に関する研究会 中間とりまとめ」.
https://www.soumu.go.jp/main_content/000705947.pdf
■Sunstein, C., 2001, *Republic.com*. Princeton：Princeton University Press（=2003，石川幸憲訳『インターネットは民主主義の敵か』毎日新聞社）.
■鈴木規史，2018,「ネットニュースと新聞の内容分析と比較検討――J-CASTニュースと『朝日新聞』、『読売新聞』の1面と見出し記事の内容分析から」日本マス・コミュニケーション学会・2018年度秋季研究発表会・研究発表論文.
https://mass-ronbun.up.seesaa.net/image/2018fall_B1_Suzuki.pdf
■高木徹，2002,『ドキュメント戦争広告代理店――情報操作とボスニア紛争』講談社.
■竹内正子・小池新，2019,「なぜ行員たちは乾杯するように毒を飲んでしまったのか――生存者が語った“帝銀事件”の悪夢」（文藝春秋オンライン）.
https://bunshun.jp/articles/-/12024
※初出：文藝春秋臨時増刊『昭和の35大事件』（1955年刊）、原題「帝銀事件の悪夢」
■田中辰雄，2016a,「炎上の発信萎縮効果と炎上参加者の特性」2016年度社会情報学

会学会大会.
https://www.sgu.ac.jp/soc/ssi/papers/25.pdf

■――――2016b,「炎上攻撃者の特性と対策」『臨床精神医学』45（10）：pp.1125–1236.

■Tanaka, T., 2017,“Effect of Flaming on Stock Price：Case of Japan.” Keio=IES Discussion Paper Series, DP2017–003.

■田中辰雄・浜屋敏，2019，『ネットは社会を分断しない』角川新書.

■田中辰雄・山口真一，2016，『ネット炎上の研究』勁草書房.

■谷村要，2008,「自己目的化するインターネットの『祭り』――『吉野家祭り』と『ハレ晴レユカイ』ダンス祭りの比較から（山本剛郎教授退職記念号）」『関西学院大学社会学部紀要』104：pp.139–152.

■谷本陵，2019，「炎上の平成史　mixi からバカッター、ユーチューバーへ…『ネット』はどう変わったのか」.
https://www.j-cast.com/2019/01/01347050.html

■田代光輝・服部哲，2013，『情報倫理』共立出版.

■tks24, 2017,「やじうま Watch Wantedly 社による DMCA 申請で渦中のブログエントリ、Google の検索結果に復活」.
https://internet.watch.impress.co.jp/docs/yajiuma/1078040.html

■徳力基彦，2019a，「京都市ステマ騒動で考える、芸能界と一般人の常識の乖離」.
https://news.yahoo.co.jp/byline/tokurikimotohiko/20191029-00148723/

■――――2019b,「アナ雪 2 のステマ騒動で考えるべき、ステマ疑惑の大きすぎる代償」.
https://news.yahoo.co.jp/byline/tokurikimotohiko/20191205-00153652/

■鳥海不二夫，2015，「本筋ではない話題が盛り上がる『まとめサイト』に要注意」『月刊広報会議』2015 年 4 月号：p.36.

■――――2020，「4 月 26 日のサザエさんが不謹慎だと言った人は 11 人しかいなかった話」.
https://note.com/torix/n/n0f3c61300ac4

■Torrenzano, R. and Davis, M., 2011, *Digital Assassination：Protecting Your Reputation, Brand, or Business Against Online Attacks*, New York：St. Martin's Press（=2012，栗本さつき訳『サイバー社会に殺される』ヴィレッジブックス）.

■辻正浩，2016，「タイ全裸の株式会社 DYM が評判の隠蔽に使った 7 つの手法」.
https://webweb.hatenablog.com/blog/seo/dym-reputation/

■裏モノ JAPAN，2009，『実録！ブログ炎上　裏モノ JAPAN8 月号別冊』鉄人社.

■Velasco, H., 2017, Who is Gen Z? How teens are consuming content, The Drum.
https://www.thedrum.com/news/2017/12/27/who-gen-z-how-teens-are-consuming-

content.
- ビデオリサーチ，2014，「ビデオリサーチ『Twitter TV 指標（サービス名；Twitter TV エコー)』の提供を開始」.
https://www.videor.co.jp/press/images/b8fbfb99d10690683a04f239bbc14263.pdf
- Watts, D. J., 1999, *SMALL WORLDS*, Princeton, Princeton University Press（=2006，栗原聡・佐藤進也，福田健介訳『スモールワールド――ネットワークの構造とダイナミクス』東京電機大学出版局).
- Woollacott, E., 2017,「世界最大級の広告代理店がユーチューブから撤退　悪質動画に反発」（上田裕資編集).
https://forbesjapan.com/articles/detail/15613
- 山口真一，2018，『炎上とクチコミの経済学』朝日新聞出版.
- 山本太郎・畑島隆・谷本茂明・高橋克巳，2009，「CGM におけるトラブル事例の整理と調査方法について」『情報処理学会研究報告』20：pp.103–108.
- やしろあずき，2017a，「やしろあずきの調査――明らかに燃えそうなことを何で SNS に投稿しちゃうの？ 経験者に聞くネット炎上の理由と怖さ（前編)」ねとらぼ.
https://nlab.itmedia.co.jp/nl/articles/1703/12/news014.html
- ――――2017b,「やしろあずきの調査――明らかに燃えそうなことを何で SNS に投稿しちゃうの？ 経験者に聞くネット炎上の理由と怖さ（後編)」ねとらぼ.
https://nlab.itmedia.co.jp/nl/articles/1703/19/news012.html
- 安田浩一，2015，『ネット私刑』扶桑社.
- 吉田俊和・安藤直樹・元吉忠寛・藤田達雄・廣岡秀一・斎藤和志・森久美子・石田靖彦・北折充隆，1999，「社会的迷惑に関する研究（1)」『名古屋大學教育學部紀要・教育心理学科』46：pp.53–73.
- ヨッピー，2016，「PC デポ 高額解除料問題　大炎上の経緯とその背景」.
https://news.yahoo.co.jp/byline/yoppy/20160823-00061403/
- 吉野ヒロ子，2014，「インターネット・コミュニケーションの『場所化』と『脱–場所化』」長田攻一・田所承己編『〈つながる／つながらない〉の社会学』弘文堂：pp.52–77.
- ――――2016，「国内における『炎上』現象の展開と現状――意識調査結果を中心に」『広報研究』20：pp.66–83.
- ――――2018，「ネット炎上を生み出すメディア環境と炎上参加者の特徴の研究」（博士論文).
https://chuo-u.repo.nii.ac.jp/?action=pages_view_main&active_action=repository_view_main_item_detail&item_id=10579&item_no=1&page_id=13&block_id=21

索引

あ～お

アドバタイザー宣言……206
アフラック……17
アベノマスク……43
Amazon……174
意図せぬ公人化……7,201
ウォルト・ディズニー・ジャパン……10,165,166,167,168,169,171
Wantedly……191
「憂さ晴らし」モデル……121,143
薄暗がりのウェブ……201
エコーチェンバー……26
AGF……11
炎上の商業化……206
炎上の認知経路……64
炎上への態度……65
大戸屋……165,167,169,171,182

か～こ

鹿児島県志布志市……12
カネカ……165,166,167,168,169,171,187
カネカ育休騒動……14
株式会社 DYM……190
ガラケー女……10
唐澤貴洋……197
カルドン（Cardon, D）……200
関係性……177
間メディア社会……21,37,69
期間工……15
危機管理広報……178,187,193
GAP……17
キャンセル・カルチャー……174
キリンビバレッジ……12
クラスタ……4,114
グルーポンスカスカおせち事件……13,135
公共圏……200
公衆……176
広報（Public Relations）……176
ゴールスタート（ゴルスタ）……191

さ～そ

サイバーカスケード……26,27,122,123
サンスティーン（Sunstein, C.）……36
サントリー……12
J-CAST ニュース……4,21,72
ジェンダー表現型炎上……12
CGM（消費者生成メディア）……32
資生堂……11,165,166,167,168,169,171
C 世代……173
「社会考慮」尺度……124

「社会的寛容性」尺度……123
社会的制裁……123,132
「社会認識」尺度……124
謝罪……187
ジャスティン・サッコ……17,22,197,200
JOY 祭り……26
消費者運動……135
消費者生成メディア（CGM）……32
新型コロナウイルス問題……10,43,177
心理尺度……123
スカンジナビア航空……19
すき家……182
STAP 細胞問題……96
スターバックス……183
ステルス・マーケティング……10,165
スマイリーキクチ中傷被害事件……4,27,36,62,202
スモールワールド実験……24
制限的本人確認制度……18,198
「制裁」型動機……140,143
「制裁」モデル……123,138,143
Z 世代……173
セブン-イレブン……182
尖閣諸島中国漁船衝突映像流出事件……42
ソーシャルボタン……61
ソーシャルメディア……32,173,205
ソーシャルメディア・モニタリングサービス……192
ソーシャルメディアリスク……194

た～と

大炎笑……204
タイレノール事件……178
田代祭……26
チロルチョコ……94,180
DMCA（デジタルミレニアム著作権法）……190
TikTok……15
デジタル・タトゥー……8,190,194
電通……11,39
電通過労自殺事件……15,16
東京オリンピックエンブレム盗作騒動……37,82,110
東芝クレーマー事件……44,46,47,50,61,83,110,185
東名高速煽り運転事件……10,124

な～の

二項ロジスティック回帰……130
西鉄バスジャック事件……55
日大アメフト部反則タックル問題……178
日本アドバタイザーズ協会……206
「日本の広告費」……39,42
日本マクドナルド異物混入事件……12
ニュースリリース……93,177
ネット炎上対応費用保険……192
ネットリテラシー……148
のまネコ騒動……26

は～ほ

バイトテロ…………2,5,7,15,23,42,46,74,165,167,171,182,187,194,201,204
バイラルメディア……………………92
バカッター…………………15,73,150
Public Relations（広報）……………176
バーミヤン……………………182
PC デポ…………6,13,84,100,109,110,111,112,115,117,135,176,183
ビッグエコー……………………182
誹謗中傷…………………147,158
ファミリーマート……………………182
ベアーズ……………………187
ペヤング虫混入事件……………………13
保守速報…………………40,206

ま～も

マクロ公正感……………………142
「祭り」型動機……………………140
「祭り」モデル…………122,138,143
まとめサイト……40,57,58,60,79,93,201,206
　従来型まとめサイト……………………57
　ニュースブログ型まとめサイト…58,102
ミクロ公正感……………………142
宮城県……………………12
無印良品……………………180
無添くら寿司…………165,167,169,171,182
名誉毀損……………………158
メディア・リレーションズ……………179

や～よ

雪印集団食中毒事件……………12,178
UGC（ユーザー生成型コンテンツ）……32
UCC 上島珈琲…………11,44,48,50,186
ユナイテッド航空……………………17
ユニ・チャーム……………………11
吉野家祭り……………………25
吉本興業……………………10

ら～ろ

ラーメン二郎仙台店…………84,96,109,110,111,113,121
リー（Lee, I.）……………………177
ルミネ……………………11
Reddit……………………17
レピュテーション…………6,94,117,154,167,171,178,181,190,191
ローチケ HMV…………………13,180
ロフト……………………12

わ

WOM マーケティング協議会…………11

吉野ヒロ子
帝京大学准教授・内外切抜通信社特別研究員。1970年生まれ。「ネット炎上を生み出すメディア環境と炎上参加者の特徴の研究」にて博士号取得（社会情報学・中央大学大学院文学研究科）。専門は広報論、ネットコミュニケーション論。
主要論文・著作：『つながりをリノベーションする時代』（共著，弘文堂，2016年）、「ネット『炎上』における情報・感情拡散の特徴──Twitterへの投稿データの内容分析から」（共著，2018年度日本広報学会賞研究奨励賞）。

炎上する社会
──企業広報、SNS公式アカウント運営者が知っておきたいネットリンチの構造

2021（令和3）年3月15日　初版1刷発行

著　者　吉野ヒロ子
発行者　鯉渕友南
発行所　株式会社 弘文堂　101-0062　東京都千代田区神田駿河台1の7
TEL 03(3294)4801　振替 00120-6-53909
https://www.koubundou.co.jp

ブックデザイン　三瓶可南子
印　刷　三報社印刷
製　本　井上製本所

ISBN 978-4-335-55203-8